JN034043

教師の しくじり 大全

これまでの失敗とその改善策

松下隼司

フォーラム・A

まえがき

　子どもたちが、**授業中に「グー」や「チョキ」のハンドサイン**で手を挙げて発表する姿を初めて見たとき、とても驚きました。その学校は、パーは「発表します」で、グーが「同じ考えです」で、チョキが「違う考えです」というルールでした。

　まだ若手だった頃の私は、校内の教師全員（管理職も）がいる研究討議会で、次のことを意見してしまいました。

　大人になったら、グーやチョキで意見しません。 教師が、会議でグーやチョキのハンドサインを使っているのを見たことがありません。中学校で、ハンドサインを使ったら、馬鹿にされるかもしれません。だから、高学年は、中学進学に向けて、グーやチョキのハンドサインで発表する習慣を抜いていく指導が必要だと思います。

　違う意見があるなら、パーで手を挙げて、「違う意見があります」と言えばよいだけです。そのような子どもに育てるべきです。

　もし、手を挙げるのが苦手な子どもがいるのなら、発表した子どもが「（私の考えと）同じ人？　違う人？」と言うようにしたらよいです。

　私が意見した後、ハンドサインを授業に取り入れている先輩方の厳しい視線を感じて気づきました。**「しくじった」**と……。以降、その先輩方は私に冷たく接するようになってしまいました。ハンドサインについても、意見の仕方も勉強不足でした。教師としても人間としても未熟でした。

　今年度、教師になって21年目です。

　同僚への接し方だけでなく、授業や学級経営、保護者対応など、本当にたくさんの失敗をしてきました（今もです）。

　でも、そのたびに**失敗の内容を記録し、改善法**を考えてきました。

　私の失敗と改善法が、少しでも先生方のお役に立てれば嬉しいです。

大阪府公立小学校教諭　松下隼司

1章　学級経営のしくじり改善法

2章　授業づくりのしくじり改善法

3章　保護者対応のしくじり改善法

4章　同僚対応のしくじり改善法

1章

学級経営のしくじり改善法

1学期の初日で子どものハートを鷲掴み

自己紹介で、子どもの勝負心に火をつけよう

しくじり

先生には、〇歳のかわいい子どもがいます

　1学期の始業式の日は、担任する子どもたちとの大切な出会いの日です。

　私は担任としての自己紹介で、毎年、

「先生は、去年、結婚しました。新婚さんです」

「先生は、去年、子どもが生まれました」

「先生は、今、〇歳のかわいい子どもがいます」

というようなことを話していました（しかも聞かれる前に……）。

　聞いている子どもたちのリアクションも悪くありませんでした。

　でも、委員会活動の時間に、担任していない高学年の女の子たちが、

「松下先生～、**自己紹介で奥さんや子どもの自慢話ってどう思います？　そんなの正直、興味ないし！**」

と相談に来ました。

　その女の子たちの担任の先生も、私と同じような家族構成でした。

　女の子たちの新しい担任の先生への不満が、自分自身に向けられているように突き刺さり、何もリアクションできませんでした。

改善法

先生は、〇〇が強いです

子どもたちの本心を知った次の年から、自己紹介の内容をガラッと変えました。
　自己紹介をすることで、子どもたちとのコミュニケーションの機会になるようなことを話すようにしました。中学年を担任したときは、

> **「先生は腕相撲がめちゃくちゃ強いです。負けたことがありません」**

と話しました。
　すると、授業が終わって休み時間になると、
「先生、腕相撲しよう！」
と、たくさんの子どもたちが男女問わず話しかけに来てくれるようになりました。
　腕相撲をきっかけに、子どもたちとの会話も広がりました。
　子どもたちにも、「腕相撲」が担任の先生に話しかける動機づけになってよかったと思います。
　もちろん「腕相撲」でなくても大丈夫です。学年など子どもの実態に合わせて、「腕相撲」を「じゃんけん」「指相撲」「早口言葉」「おにごっこ」「ドッジボール」などにしても楽しいです。他にも、
「マンガが大好きで詳しいです。マンガの知識なら誰にも負けません」
と、知識系で勝負するのも楽しいものです。
　また、「“おにごっこ”と“じゃんけん”」など、二つ以上を組み合わせることもできます。より多くの子どもたちとのコミュニケーションをとる機会になります。
　そして、本当に強くなくても大丈夫なので安心してください。負けたら、「子どもに初めて負けた〜」と言って悔しがれば、低・中学年の子どもたちは、本気で喜んでくれます（とってもかわいいです）。高学年の子どもたちは、「なんか、おもしろい先生だな〜」と楽しんでくれます。隣のクラスや、兄弟姉妹が別学年にいる子どもたちも挑戦しに来ることもあります。1学期初日から子どもとの距離がグンと近くなります（私のようにオジサンになっても）。

　1学期初日、子どもたちは帰宅すると保護者に、
「今年の担任の先生は誰？　どんな先生？」
と聞かれることがあるかと思います。その話題づくりにもなります。
　懇談会や家庭訪問でも、保護者に、「初日から『〇〇が強い先生』『〇〇が強いけど、勝った！』『楽しい先生』と、楽しそうに話してくれました」と喜んでもらえます。

学級開きで子どものやる気を引き出す語り

しくじり

持ち上がりの新鮮味なしの学級開き

小学3・4年生を持ち上がりで担任したことがあります。

4年生の学級開きの私の挨拶は、「また、今年もよろしくね〜」と軽い感じでした。子どもたちも「は〜い」と軽い感じでした。

新しい出会いに胸ときめかせ、心機一転、がんばるぞ！という感じはお互いになく、何となく中だるみを感じたままの1年間でした。

改善法

違いを伝えるステップ

下の写真は、6年生の学級開きの日の板書です。

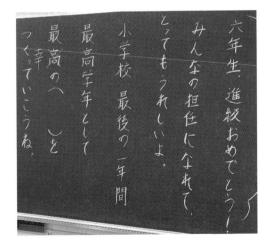

六年生、進級おめでとう！
みんなの担任になれて、
とっても、うれしいよ。
小学校、最後の一年間
最高学年として
最高の〈 〉を
幸せつくっていこうね。

次の手順で、子どもたちに **昨年度との違い** を伝えました。

六年生、進級おめでとう！ `お祝いの言葉`

みんなの担任になれて、とってもうれしいよ。 `担任の気持ち`

小学校、最後の一年間。
最高学年として最高の（　　　）をつくっていこうね。 ◀ `昨年度との違い`

　出会っていきなり、「最高学年として……」と言うと、子どもは高圧的に感じるかもしれません。そこでまず、進級をお祝いする言葉と、担任としての喜びを伝えます。
「自分たちのことを大切に思ってくれる先生だ」と、子どもたちが感じてからのほうが、教師の言葉が入りやすいです。
　また、一方的に教師が話すのでなく、「最高学年として最高の（　　　）をつくっていこうね」と穴埋めで、子どもたちの思考場面をつくりました。

＊「クラス」「友情」「思い出」などが出るかと思います。子どもの意見をほめた
　上で、「最高学年として、1〜5年生のお手本になるように、みんなが楽しい、
　幸せな学校をつくっていこうね」と話します。そして、板書の「最高」を「最幸」
　と修正します。

学年別 進級を意識づけるキーワード

1年生　「入学」「小学生」「お兄ちゃん、お姉ちゃん」

2年生　「1年生のお兄さん、お姉さん」

3年生　「中学年」「社会科」「理科」「リコーダー」「習字」

4年生　「10歳」「年上の学年（5・6年）より、年下の学年（1〜3年）
　　　　　のほうが多い。学校のお兄さん・お姉さん」

5年生　「高学年」「委員会活動。低学年は学級を、中学年は学年を、
　　　　　高学年は学校をつくっていく」「林間・臨海学校」

6年生　「最高学年」「卒業」「学校の長男・長女」「最後の1年」「卒業」

委員会活動など特別活動は、学校によって違うかと思います。
学校の実態に合わせて、ご活用ください。

子どもの住所は春休みの間に確認を！

1学期が始まってからだと、間に合わない

しくじり

「欠席した子どもに誰が届ける？」問題

　クラスで、欠席する子ども（Aさん）がいたら、私は子どもたちに、

「Aさんの家に、お手紙を持って行ってくれる人～？」

と聞いていました。

「は～い。俺、行きます」

と言ってくれたら、助かります。でも、反応が全くないときがあります。

　そんなときは、

「Aさんの家に近い人？」

と聞きます。それでも（近いのに）、反応がないときもあります。

　私も放課後に自分で届ける余裕がないので、住所を調べて、

「Bさん、あなたAさんと近いよね！　持って行って!!」

とお願いします。「やれやれ……」と疲れてしまっていました。

しかし、Aさん1人でなく、2人、3人と欠席する場合があります。そんなときは、誰が誰にお手紙を持って行ってもらうかの確認で、かなりの体力と気力を使うことになります。

改善法

「誰が届けてくれるか」表

　教師である私の母に、欠席した子どもへの手紙対応の相談をすると、

> **「子どもが欠席してからでなく、事前にクラス全員一人ひとりの住所と、その子どもと近所の子どもを、2～3人リストアップしておいたらよい」**

と、教えてもらいました。そこで、**誰の家に、誰が届けてくれるか表** を春休みに作りました。

出席番号	届けてもらう子どもの名前（マンション名と部屋番号）	届けてくれる近所の子どもの名前
1	Aさん（スカイハイツ312号室）	G・J・Pさん
2	Bさん（キングマンション912号室）	D・H・Oさん
3	Cさん	E・Qさん
4	Dさん（キングマンション831号室）	B・H・Oさん
5	Eさん	C・Qさん
6	Fさん	I・T・Rさん
7	Gさん（スカイハイツ234号室）	A・J・Pさん

届けてくれる子どもは、1人だけでなく2～3人いたほうがよい

です。理由は、届けてくれる人もお休みになるかもしれないからです。また、欠席が長期間続く場合、1人の子どもに毎日、お手紙を届けてもらうのは負担が大きいからです。2～3人のローテーションで届けることで、届ける子どもの負担が減ります。

上の表を作るために、校区地図を見ながら、子どもの住所調べをしています。**ついでに、校区地図に子どもの家の印をつけておきます**。家庭訪問でもすぐに子どもの家にたどり着きやすくなります。一色で印をつけるよりも、男の子は青色、女の子は赤色など二色にしたほうが、地図が見やすくなります。この作業は、家庭訪問前にするよりも、春休みがおすすめです。理由は、子どもの名前を覚えるのにも役立つからです。

＊校区地図は、毎年、新しい地図をもらえるかと思います。でも、毎年、新しい地図に子どもの住所をチェックするよりも、前年度までの地図を使うのがおすすめです。理由は、家庭訪問のときに、「この子は、前年度に担任した子どもの家と近くだな」と、見つけやすくなるからです。

1日の予定は、教科だけでなく内容も

背面黒板の詳しい予定表は、みんなに優しい

予定していたことが抜け落ちてしまう

その日の時間割を毎日、黒板に書くのは無駄だと思っていました。

教室に時間割表を掲示しているからです。だから、時間割を板書するのは、発育測定などの行事が入って予定が変更したときだけでした。

45分間の授業内容は、私だけ知っていれば十分だと思っていました。抜け落ちがないように時々、授業中に週案ノートを確認しながら授業していました。でも、つい授業に私が熱中すると、週案ノートを見忘れてしまいました。また、子どもたちも私が見ている週案ノートが気になっているようでした。

改善法

45分間の内容を黒板に書く

ある日、行事の予定が大きく変更になったことがあります。加えて、45分の授業の中で、その教科の内容以外の指導もすることになりました。例えば、「放課後は寄り道をしないで下校する」などです。

そこで、背面黒板に、時間割の変更に合わせて、

> 教科名だけでなく、45分間にする内容も
> できるだけ詳しく板書する

ようにしました。すると、私は普段より安心して授業が進められました。**背面黒板に板書した予定を、子ども越しに見られる**からです。背面黒板の予定表の手軽さを一度味わうと、週案ノートを見るのがとても煩わしくなりました。

　また、その日の予定を詳しく板書することは、子どもにも好評でした。理由は、子どもの中には、**時間割表を見るのが苦手な子どもがいる**からです。時間割表は、横が月〜金曜日、縦が１〜６時間、計30個以上に分割されています。たくさんのマス目の中から、自分が知りたい曜日・時間の教科を見つけるのは、大人でも煩わしく感じます。今日１日の時間割だけが書かれているほうが、見やすいです。

　さらに、同じ学年を組んでいる相方の先生にも、背面黒板の１日の予定表は好評でした。私は、放課後に次の日の予定を板書しています。相方の先生には、**「放課後や朝、いつでも教室に入って見ていただいていいですよ」**と伝えています。放課後、会議や研修などで慌ただしくて、なかなか次の日の打ち合わせをする時間がとれないときがあります。私も今、毎日、保育園に通う娘の送り迎えがあり、遅くまで学校に残っていられないからです。そんなときに、教室の背面黒板の予定表が役立ちます。口で言うと、時間がかかりますし、言われたほうも忘れてしまいます。しかし、板書してあるので、いつでも見て確認できます。**自分の学級の学習進度を伝える**のにも役立っています。

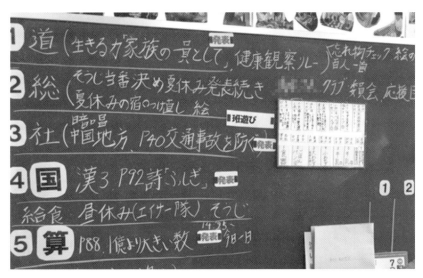

小学４年生の夏休み明け、運動会の練習シーズンの板書です。

教室掲示用の時間割表

遠くからでも見やすい工夫

しくじり

教室に時間割表を貼らない

　教師1年目、小学5年生を担任しました。4月下旬頃に、女の子が
「先生、教室に時間割を貼ってください」
と、休み時間に言いに来ました。時間割表は始業式の翌日に子どもたちに配っているのに、教室に掲示していませんでした。今では考えられないことです。時間割表を掲示することは、子どもたちが **安心感や見通しをもって1日を過ごす** ことにつながるからです。

　それなのに、大切なことを教えてくれた女の子に対して、私は、
「時間割表、配ってるから、それ見たら分かるよね」
と言ってしまいました。私が指導教官だったら、1日説教をしているところです！ 結局、思い直して翌日、教室に掲示しました。

改善法

黒板の両サイドに貼る

　教室の真ん中付近に座る子どもは、黒板の右側・左側、どちらに時間割表を掲示しても見やすいです。
　しかし、時間割表が黒板の右側だけに掲示されていたら、黒板に向かって左寄りで前のほうの座席の子どもは見にくくなります。

反対に、黒板に向かって右寄りで前のほうの座席の子どもからは、黒板の左側だけに掲示されていると見にくいです。そこで、下の写真のように

教室の両サイド・最前列の座席の子どもからでも見える

ようにするため、黒板の両サイドに時間割表を１枚ずつ、計２枚を掲示します。

　左は、教室に掲示している時間割表です。子どもが見やすいように次の工夫をしています。
①紙の大きさは、**A3** サイズ。
②教科名は、**漢字１文字**で大きく。
③月・水・金曜日の背景は、黄色。火・木曜日の背景は、白色。（隣の曜日と 背景の色 に変化をつける）
④黒板の両サイド に貼る。

　教科ごとに色を変えるより、曜日ごとに色を変えるほうが見やすいです。例えば、国語は赤、算数は青、理科は緑……と色分けするのでなく、曜日ごとに色を変えると、子ども目線でおすすめです。
　さらに、背面黒板には、その日１日の予定（教科名だけでなく学習内容も）書いています。

＊ 時間割表の左端に、時間も書いています。 例えば、１時間目の「１」の下に「8：45〜9：30」、「2」の下に「9：40〜10：25」、と書いています。給食、掃除、昼休みも何時何分までなのか分かるように時間を書いています。
　中学年や高学年でも、休み時間が何時何分まであるかを覚えていない子どもがいます。教師に聞かなくても、時間割表を見たら分かります。また、教師も転勤直後で校時（学校の時間）をはっきり覚えていないときに、助かります。

学級目標が1か月後、「飾り」になってしまう

必要なのは、学級目標を達成するための「手立て」

しくじり

目標を決めただけで、「手立て」なし

初任校で、小学3年生の担任をした4月、学級目標を子どもたちと立てました。私が、「どんなクラスにしたいかな?」と聞くと、意欲的な子どもたちが発表してくれました。子どもの発表を元にして学級目標を決めた後、掲示物も作ってもらいました。それを、教室後ろの黒板の上に掲示しました。学級目標を掲示した直後は、子どもたちはまじまじと自分たちが作った学級目標を見ていました。私も嬉しくて「素敵な学級目標ができたね! 1年間、がんばろうね」と話しました。

でも、だんだん学級目標を見る子どもが減り、1か月も経つと、学級目標を見る子どもがゼロになりました……。

改善法

「手立て」と「掲示場所」

数人の子どもの意見を元にして立てた学級目標は、自分事になりにくいです。そこで、当時の指導教官に相談して、次の工夫をするようになりました。

①全員に「自分はどんなクラスにしたいか」を付箋に書いてもらう。
（付箋の形は、かわいいハート型♡）

②白色の四つ切画用紙を、黒板に貼っておく。付箋に自分が考えた学級目標を書けたら、**画用紙に貼らせる**。

③翌日、「みんなが考えてくれた学級目標の中で、**いちばん、多く出てきた言葉は何でしょう？**」と聞き、予想を言わせた後、結果を伝える。「じゃあ、**2番目に多く出てきた言葉**は？」と聞き、予想を言わせる。同じように結果を伝える。　**3番目に多く出てきた言葉**も同じように聞く。

④「三つの言葉を、**一つに組み合わせて**」と言って、考えさせる。子どもが考えた学級目標から、いちばんいいものを選ばせる。

⑤翌日、学級目標を確認し、**「学級目標を達成するには、どんなことに気をつけたらいい？」**と聞く。班で相談させ、手立てを二つ板書させる。質疑応答の後、多数決で、5〜6の手立てに絞る。

⑥学級目標を達成するための手立てを、班や学級代表などに書いてもらい、学級目標の上に掲示する。

＊学級目標を掲示する場所は、子どもたちがよく見る**「時計の下」**がおすすめです。自然と視界に入ります。

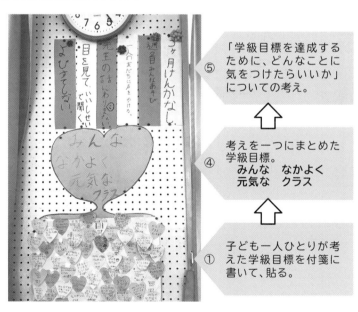

⑤ 「学級目標を達成するために、どんなことに気をつけたらいいか」についての考え。

④ 考えを一つにまとめた学級目標。
みんな　なかよく　元気な　クラス

① 子ども一人ひとりが考えた学級目標を付箋に書いて、貼る。

＊手立てが達成したら、手立ての上に「シール」を貼ります。達成度が視覚的に分かりやすくなります。

学期末・学年末の黒板アートは、子どもに描かせる

しくじり
淡泊な担任からのメッセージ

修了式前日の放課後、他の教室の黒板には、「ずっと残しておきたい！」と思えるほどの絵とメッセージがかかれていました。でも、私の教室の黒板は、「1年間、よくがんばったね！ とても楽しかったよ。〇年生になってもがんばってね！」の言葉だけでした。

私のクラスの子どもたちは、他の教室の黒板を見て、「いいな〜」とつぶやきました。最後の日なのに、子どもたちに申し訳なく思いました。

改善法
子どもが描く黒板アート

修了式前日のお楽しみ会で、子どもたちが黒板アートを描きました。

子どもたちが描く黒板アートの手順

①担任がメッセージを書く。

　（私は「4の1のみんな　1年間とても楽しかったよ」と書きました）

②「みんなも黒板にメッセージや、絵をかいてね」と言う。

③「ルールは、❶お隣さんと30秒交代　❷友達がかいた言葉や絵は勝手
　に消さない　❸何色を使ってもいいよ」と、ルールを説明する。

　子どもたちは、45分間ずっと熱中して取り組みました。担任（大人）が描く
黒板アートよりも拙いかもしれません。でも、クラス全員で取り組んだ黒板アー
トを、子どもたちはずっと名残惜しそうに見つめていました。他のクラスの子ど
もたちも「すご～！」「いいな～！」と見に来るほどでした。

　放課後の先生の時短にもなるのでおすすめです。

しくじり

年度末、1年間の思い出を忘れる

「クラス年表」で、1年間の思い出を見える化

「クラス愛」が子どもも教師も大きくなる

学期末や年度末に、振り返り作文を書かせると、作文力でなく記憶力の問題で、何も書けない子どもがいます。小学6年生は、卒業文集の作文を書きますが、記憶に残っている修学旅行のことを書く子どもが多いです。他にも6年間でたくさんの思い出があるはずなのに……。でも、覚えていないことを責められません。大人である私はもっと忘れっぽいからです。

改善法

写真や短冊で見える化

下の写真は、**写真でのクラス年表**です。

廊下側の窓の上に、遠足などの行事やお楽しみ会の集合写真や、授業での写真を貼っていくだけです。窓の上という高さも、子どもも見やすくて良かったです。

　下の写真は、**短冊（文字）でのクラス年表**です。

　色鮮やかな七夕の短冊に、楽しい出来事を書いて掲示していきます。写真よりも手軽に掲示できるのがメリットです。これも掲示場所は、廊下側の窓の上です。

　クラス年表は、子どもと保護者だけでなく、学校中の子どもや先生が釘付けになる掲示です。理由は、見ているだけで楽しくなるからです。そして、何よりも、

**クラス年表を見ていると、担任である私自身が、
クラスの子どもたちをさらに大好きになります。**

　アルバムを見て、昔を思い返しているような気持ちになります。

　また、毎月配布する「学年だより」を教室に掲示する際も、これまでの学年だよりを見られるように重ねて掲示することをおすすめします。

　学年だよりには、その月の行事予定がカレンダーのように載っています。めくったら、これまでの学年だよりを見られるように重ねて貼っていくことで、子どもたちが体験した行事を振り返ることができます。私は八つ切りサイズの色画用紙に、学年だよりの上部だけに糊を塗って、貼り重ねています。

　さらに、クラスの子どもたちの誕生日も書き込んでいます。これは、「誕生日おめでとう！」と言い忘れるのを防ぐためです。

学級経営

09

筆記用具

子どもが授業に集中しにくい筆記用具

個性的な筆記用具の持参を防ぐ

しくじり

新商品に、事後指導が追いつかない

　子どもたちが学校に持って来る筆記用具は、様々です。私が、教師目線でイライラする筆記用具は、例えば次です。

①机の上に立てる、縦長の筆箱。不安定ですぐに床に落ちる。しかも、鉛筆などが取り出しやすいように開いているので、落ちると中身が出てくる。
② ぬいぐるみの筆箱。必要以上に大きくて机のスペースをとる。休み時間はおもちゃになる。
③ 折り畳み式の定規。折り畳んだり開いたりするたびに、「カチャカチャ」と音が鳴る。
④ 丸い鉛筆や赤鉛筆。転がってすぐに床に落ちる。
⑤ アクセサリーがついた鉛筆。鉛筆で書くたびに、アクセサリーが揺れて鉛筆と当たって音が鳴る。
⑥ プラスチックの鉛筆キャップ。床に落ちていて踏んでしまったら、すぐに割れる。
⑦シャーペンみたいなノック式の消しゴム。授業中に「カチャカチャ」と音が鳴る。普通の消しゴムだったら、なくしても大騒ぎにならないけれど、高価な消しゴムはなくなったら神経質になる。

　まだまだあります。そして、新商品がどんどん開発されています。
「学習に集中できない筆記用具や、なくなって困るような高価な筆記用具は、学校に持って来ません」
と、子どもたちに指導したら、その日の放課後、保護者から
「大切な筆箱なんですが、新しい筆箱を買わないといけませんか!?」
と、強い口調で抗議の電話がありました。

改善法
楽しくて納得感がある事前指導

筆記用具についての指導のポイントは、次の4つです。

---

①「学校のきまり」を確認しておく。

②できるだけ 早い時期 に指導する。
　新しく筆記用具を買ってから指導すると、「え～！　もっと早く言っておいて!!」と思う子どもや保護者がいるから。

③できるだけ 学年で指導事項を合わせておく 。
　隣のクラスの教師と筆記用具に関する指導事項が違うと、不信感をもつ子どもや保護者がいるから。

④活動を通して、楽しく納得感 のある指導をする。

---

　④の活動は、例えば次のようにします。

（1）「メジャーリーガーの大谷翔平選手のバットって、どんなデザインだと思う？　何色だと思う？」（写真を見せる）

（2）「なぜ、シンプルなデザイン？」（集中するため）

（3）「みんなにとっての野球のバットは、授業で使う筆記用具！」

（4）「シンプル鉛筆コンテスト♪　班でいちばんシンプルな鉛筆は？」
　　　（消しゴム・赤鉛筆・定規も同じようにする）

（5）「シンプル筆箱コンテスト♪　今から、先生が言う物を筆箱から出してね。素早く取り出せたほうが勝ち。では、鉛筆！」
　　　（消しゴム・赤鉛筆・定規などでもする）
　　　「使いたい筆記用具を素早く取り出せる筆箱のほうがいいね」

（6）「もし新しい筆記用具を買うときは、集中しやすくて使いやすい物を選ぶようにしてね」

＊「もし新しい筆記用具を買うとき」という言葉は、強調して伝えます。何か思い入れのある大切な筆記用具かもしれないからです。

ストレスなしの鉛筆削り

壊れにくい＆使いやすい鉛筆削り

しくじり

詰まる・つまみが 難しい・壊れやすい

　電動の鉛筆削りは、手動よりも音が大きいです。また、鉛筆の芯が詰まると、電動のほうが取り出すのが手間です。だから、手動の鉛筆削りを教室に3〜4個、置いています。3〜4個、置いておくことで、鉛筆削り待ちの子どもが少なくなります。待っている間に、子ども同士のトラブルが起きにくくなります。

　しかし、手動の鉛筆削りは、つまみの操作があります。低学年で使い慣れていない子どもには難しい操作です。もし、床に落下したら、つまみの部分が破損してしまい、使えなくなることもあります。

　以前、購入したばかりの鉛筆削りが1度、床に落下しただけで破損してしまったことがありました。
　そこで、1個5000円ほどする日本製の頑丈で壊れにくい鉛筆削りを購入しました。確かに、1度落下したぐらいでは壊れませんでした。しかし、とても高価なので、子どもが落とさないか、とても心配でした。結局、何度か落下して、つまみが壊れてしまいました。

改善法
つまみがない手動の鉛筆削り

スーパーマーケットの文房具コーナーで、**操作が難しく・壊れやすい「つまみ」がない鉛筆削り**を見つけました。値段も1000円以下です。

①鉛筆を穴に突っ込んで、削るだけ。つまみの操作がいらない。

②鉛筆が削り終わったら空回りする仕組みになっているので、無駄に削り続けることがない。

③短すぎる鉛筆を突っ込んでも、抜けなくなることがない。
ハンドルを反対方向に回すと、鉛筆が出てくる仕組みになっている。

ネット通販でも購入できます。「鉛筆削り」「手動」「つまみなし」などのキーワード検索で出ます。

また、最近は、つまみがないだけでなく、ハンドルを回し続けると、勝手に尖った鉛筆が出てくる仕組みになっている手動式の鉛筆削りもあります（反対回しをする必要がありません）。これも、リーズナブルな価格で、ネット購入できます。

つまみがない、手動式の鉛筆削りのおかげで、「うるさい！」「落とすな！」「壊すな！」「短すぎる鉛筆を差すな！ 取り出せなくなるやろ！」と、イライラして声を荒げることがなくなりました。

＊文房具は年々、少しずつ進化しています。文房具コーナーに立ち寄った際は、いろいろな商品をチェックするのがおすすめです。
事務職員の方にも、「こんないい鉛筆削りがあるんですよ〜」と伝えるようにしています。来年度の学校予算で購入してもらいたいからです。

意欲をアップさせる掃除当番

「机運び」は、メリットがたくさん

人気なし、やる気も見られない掃除当番

　掃除当番の中で、いちばん人気がないのが「机運び」です。私の実感ですが、トイレ掃除よりも人気がありません。トイレ掃除は、教室と離れた場所なので、子どもにとって気分転換にもなります。

　「机運びが嫌いな理由」を子どもに聞いてみると、「重いから」がダントツで多かったです。やる気のない机運び当番の子どもたちに、私はイライラしてしまう日々でした。

改善法

メリットを考えさせる

　机運びは、掃除当番の中で、いちばん人数が必要です。そして、クラスの人数が多ければ多いほど机の数が多くなり、机運びの負担が大きくなります。

　子どもに不人気な「机運びのメリット」について、学活の時間に5分程度、授業しました。以下、授業の展開です。

発問：どの掃除当番がいい？
　　　（挙手で確認したり、数名に発表させたりします。できたら理由も聞きます）
発問：どの掃除当番が嫌い？
　　　（挙手で確認したり、数名に発表させたりします。「机運び」が不人気の上位に挙がるかと思います）

発問：「机運び」が嫌いな理由は？
説明：でもね、「机運び」をすると、いいことがあるんだよ～♪
発問：「机運び」のいいことって、どんなことだと思う？
　　　（隣同士で相談させ、数人に発表させます。いっぱい出ます）
説明：先生は、「机運びのメリット」を５つ見つけたよ～♪

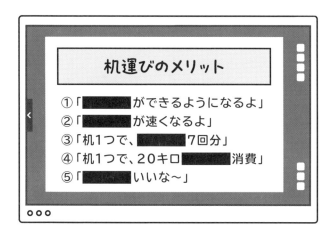

そして、下の【机運びのメリット①～⑤】を伝えます。

①「逆上がりができるようになるよ」
　　（体を鉄棒に引きつける力を養えるからです）
②「(投げる) ボール が速くなるよ」
③「机一つ（運ぶ）で、腕立て７回分」（適当です♪）
④「机一つ（運ぶ）で、20キロカロリー 消費」（適当です♪）
⑤「(力持ちって) かっこいいな～」

　防災教育と関連させて、
「瓦礫や家具などの下敷きになった人を救助する力を、日々の机運びで鍛えよう！」
と話すと、子どもたちは救助さながらに机を次々と運んでくれます。

＊机や椅子の脚にテニスボールをつけるのをおすすめします。滑るように引きずることができますし、引きずってもうるさい音が出ません。

椅子の脚の「ほこり取り」に熱中♪

「きたない」「面倒くさい」のイメージを変える言葉がけ

しくじり

子ども心に響かない言葉がけ

　教室の椅子に、防音対策としてテニスボールをつけています。学期末の大掃除などで、テニスボールについたほこりを取らせます。

「新学期、気持ちよく勉強できるように、ほこりを取って、きれいにしましょう」

と言って、素直に聞くのは、真面目な子どもです。

　掃除嫌いな子どもや、整理整頓が苦手な子どもは、

①露骨に嫌そうな表情をします。

②適当にやったことにして終わります。

③ほこりを取っても、ごみ箱に捨てに来ません。床に落としたままです。

　私は、「何様や!? 殿様か!?」と言って、イライラしていました。

改善法

やんちゃほど響く言葉がけ

　掃除嫌いで整理整頓が苦手な子どもが、熱中した言葉がけが次です。

> ①「ケガした後、かさぶたを取るのが好きな人？」
> 　（やんちゃほど手を挙げます）
>
> ②「かさぶたを取るのが上手な人？ 下手な人？」

③「テニスボールについた、かさぶたを取ります」
　（私が手本を見せます。うまくても失敗しても子どもは楽しそうです）

④子どもに、ほこりを取らせます。教師は、子どもの様子を驚いたり
　ほめたりします。
　（やんちゃほど、嬉しそうに私に取ったほこりを見せに来ます）

テニスボールについたほこりを、かさぶたのように慎重に取っています。輪の形で取れたら、大成功です。夏祭りで見かける「型抜き」にも似ています。友達とどちらがきれいにほこりを取れるか競い合いのコミュニケーションも生まれます。

　また、配達当番・配り当番など、プリントやノートなどを子どもたちに返却する当番があります。普通に、「配りさん、お願い」と言っても、動こうとしない子どもがいます。そこで、

「配りさん、ボランティアさん、お手伝いさん、一休さん、魔女の宅急便さん、お願い」

と言うと、「俺、一休さん」「私、宅急便さん」などと言って、やんちゃな子どもが手伝いに来てくれます。「〇〇さん」つながりや、「配達」を連想させるキャラクター名を付け加えてお願いします。すると、子どもも楽しく自ら動いてくれます。
　もし、**道徳の教科書が、日本文教出版（『生きる力』という教科書名）**だったら、おすすめの言葉がけがあります。

「今、しんどい人？　おいで〜」

と言って、教科書を取りに来させます。そして、

「"生きる力"をプレゼント！」

と言って、配ってもらいます。『生きる力』の教科書を配ってもらった子どもたちも、とても嬉しそうです。なにせ"生きる力"を配ってもらったのですから。

教師用机の収納術

「磁石」を使って、スペースと時短を生み出す

しくじり

赤ペンがない！リモコンがない！

　教室で使う赤ペンなどの文房具や、テレビのリモコンなどの備品をどこに置いていますか？

①「あれ？　どこに置いたかな!?」と、イライラして探したことはありませんか？

②元の場所に片づけるのが面倒くさくて、つい適当に置いてしまったことはありませんか？

③テレビや扇風機のリモコンがどうしても見つからず、隣のクラスのリモコンでつけてもらったことはありませんか？

④使った赤ペンが見当たらず、新しい赤ペンを出したことはありませんか？　その後、探していた赤ペンが見つかったことはありませんか？

　私は①～④、全部あります。赤ペンなど頻繁に使う文房具を、いちいち机の引き出しを開いたり閉じたりするのが面倒で、机の上に**鉛筆立て**を置きました。便利でしたが、貴重な机上スペースが狭くなってしまいました。子どもにも見えてしまうので、勝手に触られてしまいました。

改善法

教師用机に磁石で貼る

　新年度、初めて自分が担任する教室に入ると、テレビのリモコンは、教師用の机の引き出しの中に入っていることが多いです。ある新年度にテレビのリモコンを探したら、驚くところにありました。

教師用の机の側面に、リモコンが貼ってある

のです。リモコンの裏を見ると **マグネットシート** が貼ってありました。扇風機のリモコンも同じように貼ってありました。学校によっては、教室の壁にリモコンホルダーがあるところがあります。しかし、リモコンにジャストサイズのリモコンホルダーより、机の側面のほうが広くて手軽に貼れます。

　リモコンホルダーは、マグネットシートを貼って、赤ペン収納に活用しました。

教師用の机の引き出しには磁石でくっつくタイプの鉛筆立て

を貼るようにしました。

　引き出しを開け閉めする時間もなくなり、手軽に決まった場所に片づけられるようになりました。探す時間もなくなりました。引き出しのスペースも空きました。

　磁石で貼る便利さに気づき、教師用の屋外で被る **帽子** 、**トイレットペーパーの箱** も教師用の棚に貼りました。帽子はマグネットフックにかけました。それまで、帽子は教師用の机の引き出しに入れていたので、うっかり帽子を被り忘れてしまうことがありました。帽子をマグネットフックにかけ「見える化」することで、被り忘れが減りました。

ドッジボールで嫌いなことワースト10

いちばん嫌いなのは「すぐに始めず、2人だけで投げ合い」

しくじり

ドッジボールの揉め事に
イライラ＆ヘトヘト

　　　休み時間のドッジボールが大好きな子どもたちがいます。
　　　それなのに、毎回のように揉め事があり、対応に追われた
年があります。
「そんなに揉めるなら、ドッジをやめろ！」
「ルールを守れ！」
と一喝しました。そして、ドッジボールをする子どもたちが
揉めないか見張る、監視するようになってしまいました。

！ 改 善 法

4月の学活で取り上げる

　　　休み時間のドッジボールで、子どもたちが揉めるのは、
ルールがなかったからです。"休み時間＝自由"で、無法地
帯でした。それを見抜けなかったので、事後指導に追われて
しまいました。
　　　そこで、

> **新年度4月は学活の時間で、**
> **「ドッジで嫌いなこと」をテーマに授業**

するようにしました。すると、揉め事が激減しました。

授業の展開

① 「ドッジボールが好きな人？　嫌いな人？」と聞く。理由も聞く。

② 「どうしたら、みんなが楽しくドッジをできるか、考えよう」と、課題を伝える。

③ 「休み時間のドッジで、いやだったことを減らせば、もっと楽しくなるよね。どんなことがいやだった？」と隣同士で話し合わせる。その後、班で意見をまとめて、いちばん嫌いなことを板書させる。

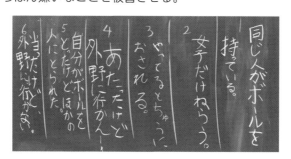

④ 板書の中から、自分がいちばん嫌いなことを検討させる。

⑤ 『先生が嫌いなことワースト10』を、10位から順にクイズ形式で楽しく伝える。下は、私が嫌いなことです。

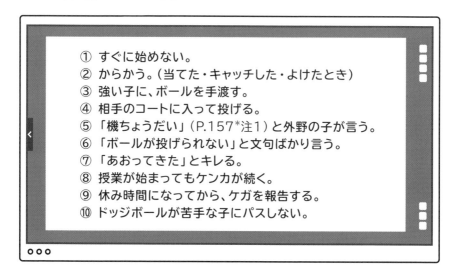

① すぐに始めない。
② からかう。（当てた・キャッチした・よけたとき）
③ 強い子に、ボールを手渡す。
④ 相手のコートに入って投げる。
⑤ 「機ちょうだい」（P.157*注1）と外野の子が言う。
⑥ 「ボールが投げられない」と文句ばかり言う。
⑦ 「あおってきた」とキレる。
⑧ 授業が始まってもケンカが続く。
⑨ 休み時間になってから、ケガを報告する。
⑩ ドッジボールが苦手な子にパスしない。

　嫌いなこと1位は、「すぐ始めない」です。ドッジのコートにたくさんの友達がいるのに、男の子2～3人だけでキャッチボールをしていることが嫌いです。上の①〜⑩を掲示したり、電子黒板に映したりします。

　揉め事を減らすいちばん楽しい対処法は、「子どもと一緒に遊ぶ」です。忙しいですが、1日1回は、休み時間に子どもたちと遊んでいます。

休み時間

教室で合法的にボール遊び

教室遊びの必須アイテムは「けん玉」

教師目線の遊び道具「トランプ」

　雨の日などの教室遊びとして、トランプを置いてあるかと思います。

　トランプで子どもたちがよくする遊びって、何でしょうか？　ババ抜きや神経衰弱でなく、スピードです。勝負相手と競って、高速で次々とカードを出すのが快感だそうです。

　スピードに飽きたやんちゃな男の子は、次に何をすると思いますか？　友達にちょっかいを出して、走り回るんです。そこで私は、UNOや、オセロなどのボードゲーム、ルービックキューブを用意しました。でも、走り回るんです。

　若手の頃は、「走るな！」「遊び道具、いっぱいあるやろ!!」と叱ってばかりでした。子どもたちが、教室を走り回る理由や、どうして私が用意した遊び道具を使わないのか考えませんでした。

　やんちゃな男の子は、もっと体を動かしたいんです。なんなら、ドッジボールなどのボール遊びをしたいんです。 それを理解するまで、本当に叱ってばかりでした。

改善法

子ども目線の「けん玉」

　小学４年生を担任したとき、係活動で「けん玉係」ができました。最初は２人でしたが、どんどん人数が増えて10人以上になったのです。係活動での発表を名目に、休み時間に

夢中でけん玉をするようになりました。けん玉ブームが広がるのに合わせて、教室を走り回る子どもや、ケンカなどのトラブルがどんどん減っていきました。けん玉は、子どもにとって

教室でやっても、教師に叱られない「ボール遊び」

だったのです。しかも、けん玉は、その場で立ってするので、スペースを取りませんし、他の子どもとぶつかりません。当然、玉は紐でつながっているので、玉がどこかに飛んでいくこともなく安全です。
　また、下の写真のように、けん玉をしている子ども同士、自然と円になりコミュニケーションが生まれます。

　家からmyけん玉を持ってくる子どももいるのですが、私もけん玉の効果と魅力に気づいてから、教室にけん玉を置くようになりました。(少しずつ増やして、今は6本あります)
　上の写真は、6年生です。6年生でも熱中してけん玉をします。休み時間になった瞬間、我先にとけん玉をゲットします。放課後も「帰りなさい！」と何度言っても聞かないほど、けん玉をしています♪

けん玉遊びをクラスに取り入れる工夫
① できるだけ多くのけん玉を用意。
② 動画サイトなどで、いろいろな技を見せる。(簡単な技から)
③ 「けん玉係」をすすめる。(「係活動でやっています」と、他の学級の子どもや教師への説明になります)
④ 勤務校のけん玉上手な教師に、技を見せてもらい巻き込む。

休み時間

「休み時間にすることシート」の掲示

休み時間は、遊ぶだけじゃない！

しくじり

授業が始まった瞬間、トイレに行く

休み時間が10分間あったら、10分間遊びたいのが子どもです。子どもにとって、「休み時間＝遊ぶ時間」です。でも、私は教師として、授業開始のチャイムが鳴ったのに、授業を進められずイライラしてしまったことがあります。次のようなことがあったからです。

①前の授業の 教科書やノート などが、机の上にある。もちろん、次の授業の準備もできていない。

②休み時間に トイレ に行かず、授業が始まってからトイレに行く。

③休み時間に お茶 を飲まず、授業が始まってから飲む。

④授業が始まってから、鉛筆 を削る。

⑤休み時間にドッジボールや鬼ごっこをして遊んでいるときに ケガ をしたのに、そのままずっと遊び続けて、授業が始まってから「先生、ケガをしました」と言いに来る。

⑥休み時間、友達と ケンカ をして仲直りをせずに遊び続けて、授業が始まってから「先生、〇〇さんが〜」とケンカ相手の文句を言いに来る。

上の①〜⑥に対応しながら、同時に授業も進められたらよいのですが、私にはそんな授業力や対応力は全くありませんでした。

多くの子どもたちを待たせて、ケガやケンカ対応に時間をとったことがあります。イライラしながら……。「トイレは休み時間に行っておいて」と思いながらも、お漏らししたらだめなので「行っトイレ！」と、くだらないダジャレ対応をしたこともあります。

改善法
休み時間の行動を「見える化」

　休み時間にすることを口頭で説明しただけでは、子どもは忘れてしまいます。
私も授業が終わるときに、毎回、
「次の授業の準備をしてから、休み時間」
など言えばいいのかもしれませんが、つい忘れてしまいます。
　そこで、休み時間にすることを教室に掲示しました。

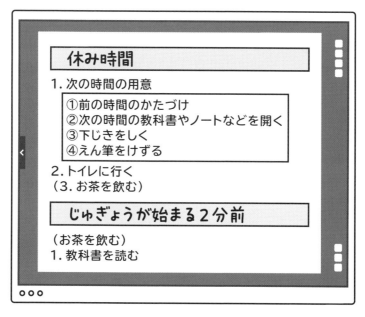

　また、掲示しただけでは見にくい子どももいるので、電子黒板や書画カメラで
大きく映しました。私が映さなかったら、子どもが映してくれるようになりました。見える化したおかげで、子どもの意識づけにつながりました。そして、私も
おだやかに授業をスタートできるようになりました。

＊授業開始の２〜３分前に予鈴が鳴る学校に、何校か勤めました。予鈴はとても
　効果があると感じました。でも、予鈴を鳴らしてまで授業と休み時間のメリハ
　リをつけたいのであれば、同じように休み時間も大切にしたいです。休み時間
　になっても授業を続けないようにしています。

毎日の連絡帳を丁寧に書かせる工夫

連絡帳の字がきたなくなっています

しくじり

保護者は、連絡帳を見て判断する

連絡帳は、ほぼ同じ内容を毎日、子どもたちに書かせます。

だから、若手の頃は、連絡帳のチェックもどんどんゆるくなりました。

また、私自身も「手紙の枚数なんて、家で数えたら分かるから書かなくても、いっか〜」と、手紙の枚数を板書しなくなりました。

すると、学期末の個人懇談会で、保護者から

「〇年生になって、連絡帳の字がきたなくなっています。去年はもっと、丁寧に書いていたのに」

と言われてしまいました。

また、私の息子が小学生になって、毎日、妻から

「手紙、ちゃんと出して！ 連絡帳に〇枚って書いてある!!」

と言われているのを見て、手紙の枚数の大切さに気づきました。

改善法

字の丁寧さで対決する

保護者は毎日の連絡帳で、子どもの字の丁寧さを判断すると気づいて、子どもたちに次の話をしました。

①「学校で使うノートやプリントの中で、いちばん丁寧に書くのは何？」
　　（子どもは、「テスト」や「国語ノート」と言います）
②「答えは、○○○。漢字で３文字。平仮名だったら、６文字」
　　（思案の末、子どもから、「連絡帳」と答えが出ます）
③「なぜ、連絡帳はめちゃくちゃ丁寧に書かないといけないの？」
　　（子どもは、いろいろと理由を発表してくれます。どれもほめます）
④「連絡帳は、誰が見る？」
　　（子どもから「自分」「親」「先生」と引き出します）
⑤「いちばん多くの人が見る連絡帳は、いちばん丁寧に書くんだね。
　　丁寧さを身につける毎日のトレーニングにもなるね」

　１学期当初は、丁寧な字を書いていたけれど、だんだん雑な字になってくる子どもはいませんか？　しかも、そんな子どもが増えてきませんか？　私は両方、経験があります。
　そこで、対決ゲーム形式を取り入れました。

①連絡帳の内容を、日直などの当番の子どもに板書してもらう。

②板書の字よりも丁寧な字で、連絡帳を書く。

③連絡帳チェックのときに、勝敗を知らせる。
　　（勝敗の伝え方は、「勝ったのは全員で○人」でもいいですし、個別に「勝ち」や「ドンマイ」などでもいいです）

　下の写真は、その黒板です。

当番の子どもが書く。　　私からの励まし♪

連絡帳や宿題のチェック方法

チェック時のコミュニケーションで、一石二鳥♪

集めて、配って、
無駄無駄無駄の毎日

　子どもたちに、登校したらすぐに宿題（漢字・算数・音読）を提出させていました。連絡帳も朝学の時間に書かせて提出させていました。

　宿題と連絡帳の提出後、次のことを毎日していました。

①漢字の宿題→未提出者を確認。
　　　　　　　教師が丸つけして、配り当番に返却させる。

②算数の宿題→未提出者を確認して、配り当番に返却させる。その後、教師が答えを読み上げて、子どもに丸つけさせる。

③音読の宿題→音読カードにハンコを押して、配り当番に返却させる。

④連絡帳　　→未提出者の確認。ハンコを押して、配り当番に返却させる。

　特に、**宿題と連絡帳の未提出者の確認は時間がかかりました**。理由は、

> 自分が「提出したか、提出していないか」を覚えていない子ども

がいるからです。子ども全員の名前をいちいち読み上げて、未提出者を確認するのに無駄な時間をかけていました。そもそも、

> 自分が宿題を「やったか、やっていないか」を覚えていない子ども

もいます。**宿題を出したか覚えていなくて、その上、宿題をやっていないことも覚えていないのです。**
そんな子どもに、私はイライラを繰り返していました。

改善法
朝の短い時間を有効活用

　子どもたちに宿題や連絡帳を提出させるのは、時間の無駄だと気づき、登校後、1時間目が始まるまでの過ごし方を次のようにしました。

> ①登校後、自分の宿題を自分の机の上に開いて置かせる。
> 　（宿題をやっているかどうか自分で確認できます。やっていなければ、やります）
> ②連絡帳を書いたら、自分の机の上に開いて置かせる。
> 　（自分が連絡帳を書いたかどうか確認できます）
> ③各自、自分の宿題（漢字・音読）と連絡帳を持って来させる。
> 　（混雑を防ぐために、1班から順に呼びます）

　上のように変更することで、**回収・未提出者の確認・返却の時間がなくなりました（私のイライラもなくなりました）。** さらに、

> **毎朝、子ども一人ひとりと、宿題（漢字・音読）と連絡帳のチェックをしながら、個別の声かけができる**

ようになりました。「おはよう！　今日もよろしくね！」「漢字の字、とっても丁寧だね！」など、短い時間ですが、子ども一人ひとりとコミュニケーションの時間ができました。子どもも、宿題（漢字・音読）のがんばりを直接ほめてもらえるので、とても嬉しそうでした。また、

> **算数の宿題プリントは、班で答え合わせをして、班で提出させる**

ようにしました。班で答え合わせをすることで、毎朝、子ども同士のコミュニケーションが一つ増えました。班で提出した算数の宿題プリントは、ざっと見て問題なければ、廃棄しています。（ごみが減るので、保護者からも好評です）

忘れ物対策

尿検査キットを持って来るのを忘れない

忘れないでほしい持ち物についての語り

しくじり

保護者に電話して、持って来てもらう

1学期の初めに、尿検査があります。

子どもは家で尿を容器に入れて、学校で担任がまとめて保健室に持って行きます。子どもの尿検査キット忘れにも、いろいろなタイプがあります。

> ①朝、尿を 採り忘れる 。
> ②朝、尿を採ったのに、 持って来るのを忘れる 。
> ③朝、起きたときにトイレを済ませてしまい、尿検査を思い出したときには 尿が出ない 。
> ④尿検査キットを持ち帰るのを忘れる。 学校に置いたまま 。

いちばんかわいそうなのは、②の「採った尿を持って来るのを忘れる」です。だから、朝の慌ただしい時間に、家に持って来てもらえるかの電話をしていました。

いちばん腹が立つのが、④の「そもそも尿検査キットを学校に置いたまま」です。しかも、反省の表情が見られない子どもが多いです。4年生頃までは、自分だけで尿を採れない子どもが多いので、男の子の場合、手伝うこともありました（私に尿がかかることもありました……）。

改善法

「枕元に尿検査」の語り

尿検査キットを家に持ち帰らせるために、尿検査キットを配ったら、

名前や学校名などを書かせて、すぐにランドセルに入れさせる

ことを徹底しました。尿検査キットを配っただけだと、多くの子どもは、手紙と一緒に机の中に入れます。机の中に入れてしまうと、持ち帰らない可能性が高くなります。そこで、すぐにランドセルに入れさせます。入れるように指示しても、指示を聞いていない子どもや、面倒くさがりの子どもは、机の中に入れようとします。だから、
「お隣さんの机の中に、尿検査が入っていないか確認して」
と言って、隣同士で確認するようにします。また、

「先生の息子は、尿検査が楽しみすぎて、枕元に置いて寝ているよ」

と子どもにとって、衝撃的な話をします。子どもに尿検査を楽しく印象づけることで、忘れるのを防ぎます。
　さらに、「さようなら」の挨拶の前にも、楽しく尿検査を意識づけます。
「明日の朝はー？」
と言って、子どもたちに聞きます。すると、
「尿検査ー！」
と答えます。この、

「尿検査」のコール＆レスポンスを繰り返します。

「明日の持ち物はー？」（「尿検査ー！」）
「忘れたら悲しいー？」（「尿検査ー！」）
「みんな大好きー？」（「尿検査ー！」）
最後に、
「さようなら！」
と挨拶すると、ノリのいい子どもたちは、
「さようなら」でなく、
「尿検査ー！」
と言って、帰って行きます。

「席替えアプリ」よりも簡単で楽しい「くじ引き」

子どもが夢中になる「席替え」の仕方

しくじり

担任が考えても、子どもからはいつも不満

席替えを考えるのに、どれぐらいの時間がかかりますか？

私は、考え出すと1時間ぐらいかかるときがあります。特に、低学力の子ども、多動性や不注意傾向が強い子どもが多くいるクラスは時間がかかります。子どもたちが、少しでも安心して教室で過ごせるように、そして楽しく過ごせるようにと考えても、子どもから不満を言われることもあります。

「あみだ（くじ引き）で決めたい！」

「○○と隣の席（同じ班）がいい！」

「どうして、○○の隣なんですか？」

「どうして、前の席なんですか？」

子どもたちの思いは分かります。でも、「担任として、たくさんの条件を考えた末での席替えなのにな～」と思ってしまいました。

改善法

子どもに座席を考えさせる

席替えをする前に、「なぜ席替えをするのか？」「自分の席が分かったときに気をつけることは何か？」を子どもたちに考えさせました。そして、次のことを子どもたちに伝えました。

【席替えをする理由】いろんな人と仲良くなるため。

> **【席替えのマナー】席替えで、自分の席がどこか分かったとき、「え〜！」と思っても、口や表情に出さない努力をする。**
> （傷つく友達がいるから。思いやりの一つ）

　すると、楽しく席替えができるようになっていきました。

　また、子どもたちが落ち着いて学習し、トラブルが週に１〜２回程度になった頃（６月頃が多いです）、子どもたちに席替えを考えさせてみました。

> ①上の写真のように、黒板に座席表を書く。男女が隣同士になるように男の子（あるいは女の子）の席を〇する。
>
> ②「自分で座席表を書いて、くじ引きで席替えするよ」と話す。
>
> ③視力や身長、授業への集中具合などを考えて、先生になったつもりで席替え案をA４サイズの更紙に書いてもらう。
>
> ④ある程度、座席表が集まったら、無作為に座席表を引いて席替えする。

　最初は学活でしました。子どもたちは、休み時間や隙間時間なども夢中になって考えました。

　最初は、私が事前に「いいな」と思う座席案を決めて、意図的に座席表を引いていました。でも、高学年の子どもには見抜かれてしまいました。そこで、子どもに引いてもらい、瞬時に微修正しながら子どもたちに座席を発表するようにしました。

　席替えアプリよりも、教師にとって簡単で、子どもにとって楽しく不満がいちばん出ない席替えでした（自分たちが考えた座席表なので）。

「右側歩行」のナイスな意識づけ

左側に「×」、右側に「↑」の掲示物で見える化

しくじり

「子ども＝走る」を理解できなかった

　若手の頃、子どもが校内の廊下や階段を走ることを絶対に許せませんでした。だから、走っているところを見かけたら、「走るな！」と言って、厳しく対応していました。
「子ども同士の衝突を防ぎ、安全に学校生活を過ごすため、自分の指導は正しい！」と思っていました。そして、厳しく指導しない同僚を許せず、自分と同じように厳しく指導することを求めました。

　しかし、自分に息子ができ、保育園に通うようになって気づきました。

子どもは、走る生き物

なんだと。園児のほうが、小学生よりも、園内の廊下を走っていました。また、中学校に出張に行った際、校内で中学生を見かけますが、廊下を走っている生徒はほとんど見かけませんでした。

年を取るたびに、人は走らなくなる

と気づきました。
　また、自分に娘ができ、保育園に通うようになって気づきました。

女の子と男の子で、全く違う。女の子は、男の子ほど走らない

と。年齢や性別など、子どもの特性を理解せずに対応していました。

改善法

聴覚よりも視覚で意識づける

下の写真は、私の母校です。

廊下上の **右側に「↑」** **（青色）** の掲示。**左側に** **「×」（赤色）** を掲示。

廊下の真ん中に白線。
右側・左側が見て分かる。

　予算や廊下・階段の材質によっては、床に線を入れるのが難しい学校もあります。
　しかし、上部に、右側は青色で「↑」、左側は赤色で「×」と掲示することは、低予算でできます。印刷し、ラミネートするだけです。短所は、掲示する場所が高いので、掲示物に近づくほど、子どもの視覚から掲示物が見えなくなるところです。
　廊下や階段の真ん中に、植木鉢やカラーコーンを置いて、見える化する方法もあります。でも、それに気づかないのが子どもです。置いてある物とぶつかって、逆にケガにつながってしまう可能性もあります。
　もしも予算があれば、道路にある **カーブミラー** がおすすめです。曲がり角は、向かってくる相手の姿が見えないので、衝突する危険が高いです。でも、カーブミラーを設置することで、曲がり角の先に誰かいないかを目視できます。

6年生の学級文庫に「生徒手帳」

3学期、ふわふわした気持ちを引き締める

「何、ふわふわしとるんや！」と喝

小学6年生の3学期、卒業が近づいてくると、落ち着きがなくなる子どもがいました。中学生になるのが、大人に一歩近づくのが、楽しみでたまらないからです。例えば、次のような変化があります。

①言葉遣いが荒くなる。
（教師に対しても、なれなれしく呼びかけるようになる）
②女の子が、急に言葉遣いを変えるようになる。
（私の勤務校は大阪で関西弁ですが、急に標準語を使うようになります）
③女の子のスカートの丈が、急にすごく短くなる。
④ランドセルに、とても大きなぬいぐるみのキーホルダーをつけてくる。
⑤女の子たちが休み時間、廊下に集まって、クシで前髪を整える。
⑥子どもたちだけで、休日に、テーマパークに行く。
（私が勤務する市は、USJに行く子どもが多いです）

背伸びして、中学生気分、大人気分を味わいたい子どもの気持ちは、今なら分かりますが、若手の頃は全く理解できませんでした。理解しようとも思いませんでした。
「何、ふわふわしとるんや！　浮いてる!!」
と、頭ごなしに叱っていました。当然、子どもたちから、煙たがられてしまいました。そして、煙たがられても、私は「自分は悪くない。教師として当然の指導をしたまで！」と開き直っていました。卒業前には、子どもとの距離がどんどん開いてしまいました。

改善法
生徒手帳で、中学生モード

　６年生は、校区の中学校で部活などの体験があります。

　そこでは、中学校の生活指導担当の先生から、生徒手帳の紹介と、中学校の校則についての話がありました。中学校は、小学校よりも決まり事が細かくなること、厳しくなることを具体的に知り、子どもたちがとても引き締まった表情になりました。

　そんな子どもたちの表情を見て、私は中学校の先生にお願いして、生徒手帳を３〜４冊いただきました。そして、

生徒手帳を学級文庫に置きました。

　落ち着きがなくなっていたやんちゃボーイ・ガールほど、休み時間、食い入るように生徒手帳を読んでいました。

「だんだん、決まり事が多くなるのも、大人に近づく証だね」
「細かな決まり事をクールに守れるのも大人の証拠だね」
と、私が子どもたちに言うと、「１本とられた！」という表情をしていました。そして、気持ちを切り替えて、残りの小学校生活を送ってくれました。

担任が毎年病休になる学年の子どもたちへの手立て

言うほうも、
聞くほうもしんどい

　若手の頃、小学5年生で崩壊した6年生を担任しました。目をとがらせて、「最高学年やろ！」と、注意ばかりしてしまいました。「さすが最高学年」と、ほめることもありました。でも、叱るほうが圧倒的に多かったです。すると、「さすが最高学年」という言葉が、どんどん嫌味になっていきました……。

　「最高学年」と言う私も、聞く子どもたちもしんどくなっていきました。**学級は落ち着きましたが、教室の雰囲気が暗くなっていきました。子どもたちの伸びやかさを摘んでしまいました。**

改善法

やる気を引き出す学年目標

　6年生は他の学年と違って、荒れればたちまち学級崩壊、学年崩壊、学校崩壊に広がっていくパワーがあります。

　しかし、6年生は他の学年にはない「最高学年」という輝かしいキーワードがあります。たとえ、昨年度まで崩壊し続けても、最高学年としての自覚をもたせられれば、昨年度までの荒れをリセットできます。「最高学年」の言葉が、子どものやる気を引き出すことにつながります。

　ある年、1〜5年生まで毎年、担任が途中で病休になってしまう荒れた学年を、6年生で担任しました。子どもたちの

伸びやかさを摘まず、そのときの「最高学年としての自覚」をもたせるための手立てが次です。

```
① 「最高学年」という言葉を使って、目標を書かせる。
```

　年度始め、自己紹介カードやキャリアパスポートに、新年度の目標を書かせます。そのときに、「最高学年」という言葉を使って書くようにしました。

＊「最高学年」の言葉を子どもたちに押し付けても、やる気は起こりません。そこで、**「『最高学年』の『最高』って、具体的に何が最高？」** と問いました。この問いかけに、子どもたちは目が覚めました。「年齢」や「身長」だけでなく、「優しさ」や「賢さ」、「時間意識」、「清潔さ」などの答えが出ました。そして、「どんな最高学年になりたいのか」「目標を達成するためにはどうすればよいのか」を書かせ、掲示しました。

```
② 学年目標を至る所に掲示する。
```

　最高学年としての意識づけになるように、学年目標（最高学年として　手本になる　あこがれになる）を掲示しました。掲示場所は、「靴箱」、6年生が使う「階段」、トイレの「手洗い場」、教室前の「廊下」です。毎朝、教室に入るまでに最低4回は見ることになります。

　私が口で言うと、良くも悪くも言葉に感情が入ります。子どものトラブルが多かったり、だらしなかったりすると、嫌味で言ってしまいます。色鮮やかな掲示物にすることで、前向きに子どもたちに意識づけできました。

　2学期は「（1学期の）2倍」と変化をつけました。3学期は「（1学期の）3倍」になります。変化をつけることで、子どもの目に触れやすくなります。

最高学年として
2倍 手本 になる
あこがれになる

恋の短歌がクラスに潤いを与える

恋の短歌でドキドキランキングを発表

学校に何しに来てんねん！

　高学年になると、**「誰が誰を好きか」「誰が誰と付き合っているか（フラれたか）」** の話題が、活発な女の子の間で多くなります。おとなしい子どもは、一緒の教室にいるのが気まずくなる雰囲気です。

　若手の頃、そんな温度差（周りの友達に遠慮しないで、大声で自分たちだけで盛り上がること）が我慢できませんでした。

「学校に何しに来てんねん！　周りのこともちょっとは考えや！」

と、厳しく、冷たく言いました。私に叱られた女の子たちは、スーッと私と距離を置くようになりました。

改善法

好きな人に会いに来てんねん♡

　教師歴が10年を超えると、子ども対応に余裕ができました。

「子どもの頃、好きな人に会うのが楽しみで、学校に行ってたなぁ」

と、私が小学生だったときの話をするようになりました。恋バナ（恋にまつわる話）好きの子どもたちとの距離がグッと近くなっていきました。さらに、

私が、恋バナ好きの子と、恋バナが苦手な子との架け橋になる

ことを仕掛けるようにもなりました。

　国語の授業で、百人一首の内容を扱ったとき、

「百人一首は、どんな内容が多いと思う？」

と聞き、子どもたちに百人一首の内容を調べてもらいました。

　すると、百人一首は「恋」に関する内容が多いことが分かりました。そこで、

「みんなで、『６年１組 〇人一首』を作ろう」

と言って、「恋」をテーマに短歌を作ってもらいました。

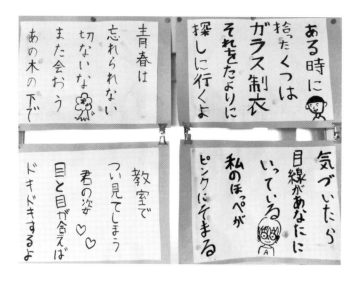

① 自分のことでなくてもいい。創作でもいい。
② ノートに鉛筆でいくつか書く。
③ 習字の半紙に、小筆で書く。空いたスペースに絵を描く。
④ 名前は半紙に書かないで、台紙の裏に書く。
　（この配慮で、大胆な恋の短歌を書く子どもが増えました）
⑤ 台紙は、薄ピンク色を使用。
⑥ 評価は、「ノートに書いた短歌の数」と、「半紙に書いた
　短歌のドキドキ感」。
　（子どもたちの中で、ドキドキ感ランキング１位だったのが、
　上の写真の右下の作品です）

バレンタインチョコを持って来る女の子

冷たく厳しくするよりも、意外性で功を奏する

直球対応で「先生、うっとうしい」

　初任校では、バレンタインデーが平日にあると、落ち着きがなくなる子ども（特に女の子）が多かったです。チョコをこっそり持って来て渡す女の子が多くいました。野次馬でからかう男の子たちと、恋に真剣な女の子とのケンカもありました。

　バレンタインデーで落ち着きがなくなる子どもたちに、私はとても冷たかったです。

「学校は、勉強するところ！」

「学校に、お菓子を持って来たらあかんの知ってるやろ！」

「チョコ持って来たら、没収するよ！」

こんな言葉を厳しく言っていました。正論ですが、子どもには響きません。子どもたちには、うっとうしがられました。

改善法

変化球で「先生、ドンマイ」

　正論を言うことは、教師として間違っていません。でも、子どもに響く伝え方をしていませんでした。

　バレンタインデーで落ち着きがなくなるやんちゃガール・ボーイに響いた対応を紹介します。

（１）バレンタインデーの前週に語る

バレンタインデーの前日に、チョコレートを持って来ないように言うのは遅いです。バレンタインデーの前日は、もうすでに子ども同士の打ち合わせが終わってしまっています。だから、遅くても前の週に指導を入れます。

（2）「バレンタインデーの悲劇」を描写的に話す

バレンタインチョコを学校に持って来て起きた男女の悲劇（実話）をすると効果的でした。その小話は、次です。

「学校にこっそり本命チョコを持って来た女の子。大好きな男の子に、誰もいない廊下で渡そうとしていました。実は、男の子も、その子のことをひそかに好きでした。

休み時間、女の子がチョコを渡そうとした瞬間、クラスメイトの男の子たちに見つかってしまいました！ 2人は『ヒューヒュー！』とからかわれたので、男の子は恥ずかしくなって、チョコを受け取りませんでした。

あ〜あ〜学校で、渡そうとするから……」

（3）チョコのおねだりトーク

休み時間、バレンタインチョコが欲しい男の子たちと、

「チョコ好き？」「先生、最近チョコにはまってて、毎日食べてるな〜」 など、女の子たちの近くで、「チョコのおねだりトーク」をします。

私と男の子たちの浅ましい会話に、女の子たちは呆れた表情や微笑んで見ています。こういうくだらない会話ができるようになると、不思議と女の子たちは、チョコを学校に持って来なくなりました。

「だめ」と正論だけの直球勝負でなく、「欲しい」という変化球での対応が子どもたちに響いたのかもしれません。

「先生にチョコをくれないなんて、世の中おかしい！ もう、女の子たちは成績1だ〜！」 と私が冗談を言うと、子どもたちも「ドンマイ」と励ます、そんな和やかな関係性を築けるようになりました。

子どものピンチは、教師の分かれ道

子どものケガには絆創膏を貼るだけ？

若手の頃のほうが優しかった

　体育の授業、運動場で子どもが転んだら、先生のみなさんは何と声をかけますか？

　私は、最近、

「気をつけて！」

と言ってしまったことがあります。

　若手の頃だったら、子どものケガを心配して、まず、

「大丈夫？」

と声をかけていました。

　ベテラン教師になればなるほど、子どもがケガをした後、

①養護教諭・管理職・保護者への連絡
②保護者への謝罪の連絡
③病院で診察してもらうケガの場合、災害報告書の作成
④授業の見直し（ケガの再発防止）

など、様々な対応を経験します。子どものケガ対応の経験をすることで、

> **子どものケガの心配よりも、
> ケガをさせた教師としての責任**

を考えてしまう教師になってしまっていました。**自己保身**を考える冷たい教師になっていたのです。

　教師になって21年目の自分と、若手の頃の自分を比べると、授業や学級経営は断然、今のほうが上手です。ケンカ対応や保護者対応もです。

　でも、子どものケガに「またか」と慣れた対応になっていました。友達のケガを心配する子どもたちの姿に、自分の冷たさを自覚しました。

改善法
若手の頃を忘れない

若手の頃、子どもがケガしたときにしていた対応を思い出してやってみました。

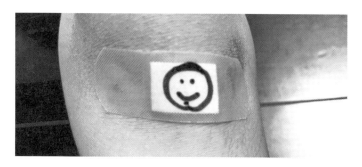

上の写真は、膝を擦りむいた子どもの膝に貼った絆創膏です。

「早く治ってね」と言って、絆創膏に私の似顔絵を描きました。

　ケガをした子どもは笑顔になりました。私の教師としての原点を思い出させてくれた最高の笑顔です。
　別に絆創膏に絵を描かなくてもいいのです。子どものことを大切に思う気持ちの表れだったら、
「大丈夫？」
「もう痛くない？」
でもよいのです。
「痛いの痛いの飛んでいけ～」
と言って、教師が痛みを食べてあげてもいいのです。
　放課後、保護者に謝りの電話をするかと思います。でも、「学校でケガをさせて謝るのは保護者にだけでいいのかな？」と、ふと思いました。「ケガをした子どもに謝る必要はないのかな？」と。
　ケガをした時間や場所によって違いますが、体育など授業中に起きたケガは、「子どもが100％の原因ではない。教師にも責任があるのでは？」と思い、ケガをした子どもに謝るようにしています。

「死ね」「キモい」「ウザい」「ムカつく」対応

口癖になっている暴言に歯止めをかける

しくじり

暴言の口癖に根負けして妥協

　ある年、「キモ（い）」「ウザ（い）」「ムカつく」「死ね」が口癖になっている子どもが多くいるクラスの担任になりました。クラスの半分以上の子どもたちが、口癖になっていました。

　年度当初は、「マイナス言葉を言ってはいけない」「学級目標が達成できない」などと指導していましたが、全く減りませんでした。校内だけでなく、登校下校中や放課後に友達同士で遊んでいるときも、暴言が飛び交っていました。「おはよう」の挨拶よりも、暴言が定着していました。感情的になって興奮して言うのではなく、軽い感じで暴言を使っていました。

　私は根負けしてしまい、次の指導で精一杯でした。

---

①授業中は絶対に言わない。
　（本当は、授業以外も言わせたくないのに）

②「死ね」だけは絶対に言わない。
　（本当は、「キモい」「ウザい」「ムカつく」も
　禁止したいのに）

　結果、休み時間は「死ね」の暴言が当たり前のように使われていました。教室の雰囲気は荒んだままでした。真面目でおとなしい子どもたちに我慢させてしまいました。

**「校内では暴言を一切、使わせない」という
姿勢と工夫**

が足りていませんでした。

改善法
別の言葉に置き換えさせる

　暴言に対して、毅然と「そんな言葉を使ってはいけない！」と言うのは大事です。しかし、暴言が口癖になっている子どもにとっては、「黙れ！」と言われているのと同じです。そこで、暴言を別の言葉に置き換えさせて言うようにしました。例えば、

---

①「キモい」は省略せずに、「気持ち悪い」と言う。

②「ウザい」は省略せずに、「ウザったい」と言う。

③「ムカつく」は、「ムカムカする」と言う。

と、言い直させました。禁止の指導よりも、ものすごく効果がありました。暴言が口癖になっている子どもは、他の言葉を知らないだけでした。だから、意外と素直に「気持ち悪い」「ウザったい」「ムカムカする」と言い直しました。それと、言い直すのが面倒だから、暴言を使うのを我慢するようにもなってきました。また、聞いているほうも、なぜか「キモい」「ウザい」「ムカつく」よりも心が痛みません。

　ただ、**「死ね」の言葉には、厳しく接し続けました。**

---

①「『死ね』と言われて、本当に死んだ人がいる。言った人とその家族は、その後、どんな人生を送ったと思う？ 責任とれない言葉」

②「死刑判決をできるのは、裁判官だけ。それも人を殺したような人に対してだけ。先生も言えないような言葉。おこちゃまは言えない」

③「『死ね』の言葉は、犯罪。脅迫罪。いじめじゃない」

④「『死ね』と言われている人がいたら、『生きろ』と言ってあげて」

　これらの暴言への指導は、教師の近くに呼んでするほうがいいです。遠くで暴言を使っている子どもがいると、つい私は「オイ！」と大声で感情的に言っていました。それよりも「〇〇君、おいで」と言ってから指導するほうが、驚くほど素直な態度で教師の話を聞いてくれます。

後味が悪くない「叱り方」

「リアル」か「フィクション」か、分からない

冷たい雰囲気の中で授業を続ける

　　子どもを叱るときは、クラス全員の前で叱るのでなく、個別に叱ったほうがよいです。クラス全員で共有しなくてもよい内容だったら、休み時間に個別に呼んで指導したほうがよいでしょう。理由は、

①授業時間を削らなくてよいから。

②関係のない子どもが授業を受ける時間を保障できるから。

③HSC（P.157*注2）傾向の子どもに、不安感を与えないから。

などです。でも、現実は違います。「分かっちゃいるけど止められない」こともあります。授業時間、クラス全員の前で、ガミガミ叱ってしまうことがあります。そして、お説教が終わったら、冷めきった雰囲気で授業します。子どもたちも私も苦痛の授業時間です。

改善法

「普通は怒られるで」

どうしても、その場（授業中、クラス全員の前）ですぐに指導しなければならないことがありますよね。

私はとてもイライラしやすいです。必要以上にすぐ・強く・長く叱ってしまう傾向があります（年々、マシになっていますが……）。そんなイライラ教師の私の楽しい工夫を紹介します。

叱った最後のオチに、「……って、普通の先生は怒るで」と言う。

散々、ガミガミと説教をしても、この一言で、教室の雰囲気がガラリと変わります。冷たい雰囲気が、楽しい雰囲気になります。「えっ!? さっきまでの説教は、演技だったの???」と子どもたちは困惑し、そして笑顔になります。本気で叱っていた私も、この一言で、気持ちを切り替えることができます。さらに、「松下先生は、やさしいな～」と、オチを本当に信じる子どももいて、かわいいです。

ワンパターンだと子どもが飽きてくるので、次の工夫もおすすめです。

　Ａさんを叱りながら、手遊びをしたり、ぼーっとしたりしているＢさんを見つけて、

「なぁ、Ｂさん？ しょうもない事やめてほしいよな？ 手遊び（ぼーっと）もするよな～??」

と言って、叱っている途中でＢさんに話題を振る。

また、手遊び（ぼーっと）しているＢさんに、

「Ｂさんは、Ａさん（叱られている友達）を助けようとして、わざと手遊びしてるんだよな？ 先生の注意を引くために」

と言うと、Ｂさんは調子を合わせて頷きます。叱られているＡさんに、

「救世主のＢさんに、お礼を言っておいてよ」

と言うと、Ａさんはｂさんに心を込めて「ありがとう！」と言います。そんな子どもたちのやりとりを見ていると、イライラの気持ちが失せてくるので、授業を楽しく再開できます。私もＢさんにお礼を言います。

若手の頃は、私が叱っているときに、自分に関係ないからといって、手遊びをしたりぼーっとしたりする子どもを許せませんでした。

子ども心を理解しようとせず、「同じクラスの友達でしょ！ それでも友達か!?」「他人事は自分事！ 同じ失敗をしないように、自分事として聞いておくのも勉強！」と叱って、余計にイライラしてしまっていました。

人間関係などのトラブルは、怖い話で

LINEのトラブルなどに使える学級文庫

しくじり

怒りまかせのLINEトラブル対応

小学校高学年になると、スマホを持つ子どもが増えます。LINEの人間関係のトラブルがあります。

①グループLINE内で、悪口。

②グループLINEに、友達の 動画や写真 を勝手に送信する。

③グループLINEに 入れてもらえない。

④入っていたグループLINEを、勝手に退会 させられる。

放課後、保護者から子どものLINEトラブルについての電話相談がありました。辛い思いをしている子どもの気持ちを考えると怒りがわいてきました（正直、「放課後のことなのに！」という怒りも……）。翌日、関係する子どもたちから話を聞くと、酷い内容でした。

そして、私の指導も酷かったです。必要以上に大きな声で怒鳴り、ネチネチ長い時間をかけてしまいました。結果、加害側の子どもの1人が学校を欠席してしまいました（1日だけでしたが）。

改善法

怖い話の間に、実話を入れる

LINEトラブルの他にも、重たい生活指導案件があります。

> ## 物かくし・落書き・陰口・仲間外れ・万引き

などです。**毅然と指導することは絶対ですが、指導者として怒りの感情を適切にコントロールする**必要もあります。

怒りまかせの指導に陥らないように次の工夫をしました。

①「〇時間目に、怖い話をするよ」と、子どもたちに予告する。

②『学校の怪談』（P.157＊注３）など、怖い話の本の中から一つお話を読む。

③自分が指導したい生活指導案件をお話風に話す。
- 本のお話を読んでいるフリをしながら話す。
- トラブルに関係する子どもの名前は実名が出ないようにする。
- 時々、トラブルに関係する子どもの目を見て話す。

④「あ〜怖かったぁ。みんなは、一つ目と二つ目、どちらが怖かった？」と子どもたちに聞き、「先生は、二つ目のほうが怖かったな〜！」と言う（トラブルに関係する子どもの目を見て）。

上の話をした後の休み時間に、関係する子どもたちを集めて、指導をしました。必要以上にイライラせずに、適切な指導につながりました。また、トラブルに関係ない子どもたちを、怯えさせるような指導にもならなかったです。

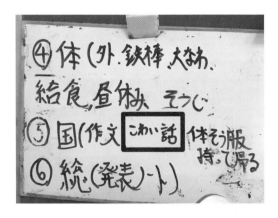

5時間目に怖い話を予定すると、子どもたちは楽しみにしていました。

給食時間の「メガ盛り」対応

暴力・暴言が多い子どもが友達と仲良く過ごすために

しくじり

自分勝手な子どもに、カミナリは効かない

トラブルが非常に多い子どもで、対応に苦しんだ経験があります。
①友達に暴言や暴力を頻繁に振るう。
②友達を一方的に傷つけても、「悪いのは相手」と主張し続ける。
③自分の非を絶対に認めない。謝らない。(だから、被害を受けた子どもの保護者は立腹)

　私がしんどかったのは、その子どもから目を離せないだけではありません。暴言・暴力の瞬間を見ていても、「言ってない」「やってない」「自分は悪くない」と言い張ることへの対応でした。周りの子どもたちが見ていてもです。また、私が怒鳴っても、へっちゃらでした。親や、これまでの担任の教師に怒られ続けていて、怒られ慣れているからです。
　そして、きちんと謝罪させることを指導できない私に、被害を受けた子どもの保護者からのクレーム対応にも疲れてしまいました。

改善法

おかわり対応が効いた

　自分の非(暴言・暴力)を絶対に認めない・謝らないその子どもは、給食が大好きでした。食欲旺盛でした。
　そこで、給食のおかわりタイムと同時に、トラブル対応をしました。私は、まず他の子どもたちに給食のおかわりを入

れていきます。トラブルを起こした子どもは、目の前でどんどんおかわりの給食が減っていくのに耐えられず、すぐに自分の非を認めました。そして、被害を受けた子どもに丁寧に謝ることができました。周りの子どもたちは驚いていました。非を認め、謝った姿に子どもたちは拍手をし、優しい笑顔になりました。

食欲の強いやんちゃ対応

①自分の非を認め、謝ることができたら、おかわりを**「特盛り」**にする。周りよりほんの少しだけ多く盛る。口頭では「特盛り」と言う。

②給食のおかわり時間でなくても、自分の非を認め、謝ることができたら、おかわりを**「メガ盛り」**にする。

＊大きな骨がある魚料理など、苦手な子どもが多いとき。
おかわりする子どもが他に誰もいないのを確認してから盛る。
「お～！」という周りの歓声に、うれしそうな表情になります。

③子どもの苦手なおかずがあり、たくさん残菜が出そうなときに、友達と仲良く過ごす努力をすること、もし仲良くできなかった時は素直に振り返ることを条件に**「器盛り」**をする。器盛りは、お皿に給食を入れないで、下の写真のように食缶ごとあげます。

＊これも、おかわりする子どもがいないことを事前に確認します。

④おかわりのときに、「賢く、仲良くできる子おいで」と、たまに言う。かわいい顔をして、おかわりをもらいに来ます。

宿泊行事で、おさえておきたい事前指導

修学旅行先での告白を防げ！

しくじり

1日目の夜に、ざわつく子どもたち

修学旅行の事前指導は、下のように、パワーポイントで見える化しました。

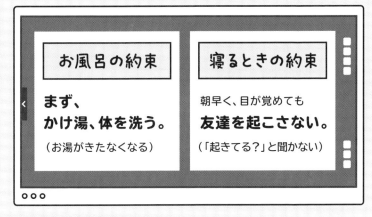

お風呂の約束	寝るときの約束
まず、かけ湯、体を洗う。（お湯がきたなくなる）	朝早く、目が覚めても友達を起こさない。（「起きてる?」と聞かない）

子どもたちに口で言っただけでは、すぐ忘れてしまうからです。また、1回見せて指導しただけでは、忘れてしまいます。そこで、給食時間などにも、繰り返し見せました。スライドは合計30枚以上ありますが、画面切り替えを自動に設定しておくことで、楽ちんでした。

「さあ事前指導も準備万全！」と、出発しました。とても快適に進行したのは、1日目の夕方まででした。宿泊先のホテルに着くと、やんちゃボーイ、やんちゃガールが、そわそわし始めました。"そわそわ"から"キャーキャー"、そして"ギャーギャー"していきました。

何事かと思い、子どもたちに聞くと、次の返答がありました。

> 「今晩、A男がB子に、コクる（告白する）ねん」

子ども理解が不十分でした……。

子どもたちにとって、修学旅行は絶好の告白チャンス だったのです。夜に告白するのが、ドラマみたいでロマンチックだそうです。

　しかも、小学生なので、こっそり告白しません。仲良しの友達に伝わっています。大応援団が結成されています。恋敵の男の子は、敵意バチバチです。夜、異常に興奮した子どもたちを鎮めるのに、想定外のエネルギーを使うことになってしまいました。なかなか寝付かない子どもたちに、先生方もぐったりでした（深夜２時まで、起きていました）。

改善法
修学旅行の目的を確認する

「学びを修める」と書いて「修学旅行」です。場や時を考えて、集団行動、集団生活できる絶好の機会が、修学旅行です。修学旅行は、告白する機会ではありません（告白自体は、いいですが）。

　そこで、失敗を活かして、下の資料を付け加えました。

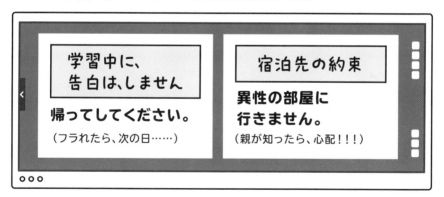

　事前指導で、子どもたちにスライドを見せると、大爆笑でした。スライドに合わせて、次のような話をしました。

「恋する気持ちは大切。でも、考えて……。告白してフラれたら、次の日、朝ごはん食べられる？　どんなテンションでグループ活動する？　同じグループの友達、楽しめる？　あなたがフラれて落ち込んでるのに……。それと、特に、女の子の親は心配。うちの娘に何してくれてんだ！　って。あと、野次馬めちゃくちゃ多いから、やめておいたほうが絶対いいよ」

　やんちゃボーイ＆ガールが目を輝かせて、私の話を聞いていました。

宿泊行事の時程表は、拡大して廊下に貼る

廊下の時程表を見て、会話も弾む

しおりを見るのは、面倒くさい

　宿泊行事は、次々と目白押しに活動があります。行事当日、

「先生、次、何するんですか？」
「先生、次、何時からですか？」
「先生、次、持ち物は何ですか？」
「先生、次、服装は何ですか？」

と、たくさんの子どもたちに何回も聞かれて、つい感情的になって

「しおりに書いてある！　しおりを見なさい!!」

と、大きな声で言ってしまいました……。

改善法

拡大して、廊下に掲示

　子どもたちが、見通しをもって安心して活動できるように、次の工夫をしました。

①宿泊行事当日までに、音読の宿題として、教科書でなく、しおりの時程表や持ち物や服装を覚えるぐらい繰り返し音読させる。
（「教科書よりも楽しい♪」と、子どもたちに大好評でした）

②しおりの時程表がすぐに見られるように、時程表をしおりの表紙や表紙裏に印刷する。

③しおりとは別に、B4サイズ1枚の裏表に、「時程表」「持ち物」「服装」「班のメンバー表」「バスの座席表」など必要最小限の情報をまとめたプリントを作り、子どもたちに配る。

④給食などの隙間時間に、時程表や持ち物や服装に関するクイズを出す。

いちばん効果のあった工夫は、次です。

⑤時程表を模造紙に拡大印刷して、教室の前の廊下に掲示する。

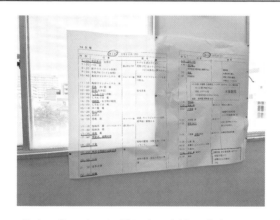

拡大印刷して、教室の前の廊下に掲示する方法の良さは、五つあります。

（1）字が大きいので見やすい。

（2）休み時間など、廊下に行ったとき、ふと目に入る。しおりを出すのが面倒くさい子どもも、軽い気持ちで見やすい。

（3）休み時間、友達同士で一緒に見ることができる。友達とのコミュニケーションの機会になる。

（4）休み時間、教師と子どもとのコミュニケーションの機会になる。

（5）教師もすぐに時程を確認できる。私もしおりを開いて確認するのが、忙しくて煩わしく感じるときがあります。

＊時程表の中で、特に大切な言葉や時間は赤ペンで線を引きます。教室には、活動班などのメンバー表やバスの座席表を掲示しています。

食欲が強すぎて、子どもにイライラ

給食の「用意」と「おかわり」

　教師になるまでは、12時頃に昼食を食べていました。

　でも、教師になると、12時20分頃に4時間目が終わります。そこから、子どもたちと一緒に給食の用意をすると、「いただきます」が12時40分頃でした。それが耐えられませんでした。給食当番がエプロンに着替えて廊下に並ぶのが少しでも遅いと「早く！」「遅い！」と怒鳴っていました。

　1日の中で、私が最も怒鳴るのが給食の用意の時間でした。子どもたちも「給食の時間は、先生、いつも機嫌が悪い」とつぶやくほどでした。

　今は、**食欲がおさまって**イライラしなくなりました。

　また、給食の用意にかかる時間も当時の半分ほどで、できるようになりました。例えば、私が手本で、おかずを注いだり、ご飯を盛ったりするようにしました。私のスピードを見て、子どもたちもどんどん手際が良くなっていきました。

　給食の量も全然、足りませんでした。当時は、公平なおかわり指導も知らなかったので、**早く食べ終わった人から好きな量だけおかわり**できるというルールにしていました。おかわりを全部取られないために、子どもに負けじと早食いをしていました。

　今では、こっそり自分のおかわりを確保できるようになりました。例えば、ジャムやバターの場合、余分をパンやお皿の下に隠しておきます。パンのときは、ビニール袋に入れておきます。なぜか、ビニール袋に入れておくと、子どもたちは欲しがりません。今は、「いただきます」の後すぐに、子どもたちにおかわりをよそっています。

2章

授業づくり
の
しくじり
改善法

国語授業の楽しいルーティン

しくじり
「三つ星ラーメン店」型の授業を目指す

「高学年は、教科書の読み取りに時間を取りたいから」「高学年は、新出漢字の数が多いから」と、新出漢字の練習を授業時間外（朝学など）にさせました。すると、**低学力の子どもの漢字テストの結果が、授業中にやっていたときよりも悪くなりました。**

国語の授業では、新出漢字の練習がなくなったぶん、45分間かけて、教材文の読み取りをしました。すると、ずっと同じことをするのが苦手な子どもはイライラしたり、ぐったりしたりするようになりました。

単元の導入では、国語辞典で語句の意味調べをしました。調べた語句の意味をノートに書き写していると、20分ほどかかりました。すると、書くことが面倒くさい子どもは、新しい単元になると「え～！」と不満を言うようになりました。

長時間かけて、一つの課題で子どもを熱中させる授業力は、"三つ星ラーメン店"みたい なものです。

1品のラーメンだけでお客さんを満足させられるような力は、私にありませんでした。

改善法
「コース料理」型の授業では

一つの課題だけで子どもの不満が出る授業を、私は **45分間で複数の課題を用意して、"コース料理"みたい** にしました。

```
【前菜】　　新出漢字の練習（５〜７分程度）
【スープ】　音読（５分程度）
【メイン】　教科書の読み取り（30分程度）
【デザート】読み取りプリント（５分程度）
```

　デザートの読み取りプリントは、A4サイズです。問題数は１〜３問です。教科書の内容だったり、初見の内容だったりバラバラです。
　子どもがダレそうなタイミングで次の課題を出すことで、45分間ずっと集中して授業を受ける子どもが増えました。「え!?　もう（授業）終わり？」と、嬉しいつぶやきが聞こえるようになりました。

　単元の導入で、教科書の語句の意味調べを「国語辞典」でさせます。
　また、次の時間に、「漢字辞典」引きもさせます。

国語辞典や漢字辞典を使えるようになる

ことを、いちばんのねらいにしました。だから、**調べたことをノートに書き写さなくてもいい** ことにしました。黒板に10問ほど、調べてほしい語句を書きます。ノートには「問題番号」「調べる語句」「辞典のページ数（載っていなければ×）」と書きます。「意味」を書き写さなくてもいいことを告げると、子どもたちは大喜びでした。書き写す時間がなくなったぶん、多くの語句を調べる時間の確保につながりました。国語辞典や漢字辞典で調べる時間は、５分程度です。もし全ての意味調べができたら、自分で問題を作って調べたり、友達を助けたりします。

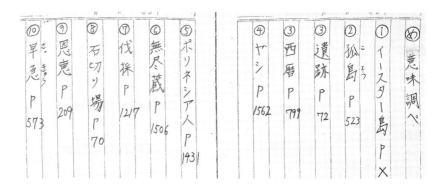

国語の〈敬語〉の授業は、替え歌で♪

テレビアニメの主題歌の歌詞が敬語バージョンに

高学年の国語の教科書に、〈敬語〉の内容があります。

尊敬語、丁寧語、謙譲語……、私が説明すればするほど、子どもたちの表情は険しくなってしまいました。

〈敬語〉の授業の難しさは、**6年生の算数〈分数で割る計算〉**と似ています。割る数が分数の場合、割る数の分母と分子をひっくり返して掛けます。難しいのは、なぜ、割る数の分母と分子をひっくり返して掛けるのかの仕組みを理解させるところです。

「仕組みを理解するのは大切だけど、ある程度、計算できるようになってからでいいのに」「単元の導入で、いきなり難しい内容だったら、算数嫌いの子どもが増えてしまうよ〜」と正直、思っていました。自分の拙い授業力を、教科書のせいにしていました。

説明は後回しで、まず、敬語をたくさん言う経験を積んだほうが、小難しさは減ります。

敬語を言わせるのは、楽しくすることが大事です。ただ淡々と読ませたり言わせたり聞かせたりしても、つまらな

いです。どんどん、飽きていきます。子どもが「敬語を言いたい！ 聞きたい！」と思える工夫が必要です。そこで、おすすめなのが、

動画サイトの、尊敬語の歌 （『ちびまる子ちゃん』の替え歌）

です。「にほんごにんじゃ」というチャンネルにあります。尊敬語だけでなく、謙譲語バージョンもあります。掲示用の学習ポスターも有料ですがあります。

にほんごにんじゃURL▶http://nihongo-ninja.com/
動画サイト「尊敬語の歌2021　漢字version」→

替え歌 （『ちびまる子ちゃん』） の歌詞を一部、紹介します。

「尊敬語の歌」の歌詞

いいます→おっしゃいます　　みます→ごらんになります
します→なさいます　　　　しっています→ごぞんじです
いきます→いらっしゃいます　きます→いらっしゃいます
います→いらっしゃいます　　みっつおなじだ
くれます　くれます→くださいます

「自習」や「自学」にも最適！

国語辞典の楽しい「エンドレス意味調べ」

しくじり

毎日続いた プリントばかりの自習

2021年5月、新型コロナウイルス感染症の拡大で、私が勤務する自治体の小中学校は、家で勉強する子どもと、学校で勉強する子どもに分かれました。家で勉強している子どももいたので、学校にいる子どもだけに授業をすることはできませんでした。毎日、プリント学習をさせてばかりで、課題が早く終わった子どもは、読書や塗り絵、折り紙をしました。自分の学級だけレクをすることはできませんでした。

シーンとした時間が、とても長かったです。それが毎時間、毎日、続きました。子どもたちが、かわいそうでなりませんでした。

改善法

国語辞典で楽しい自習

2021年度、小学3年生を担任しました。3年生は国語で、〈国語辞典の使い方〉の学習があります。コロナ禍の自習を少しでも楽しくしたくて、国語辞典を使ったゲームを思いつきました。普段の国語の授業や、担任が出張等でいないときの自習、隙間時間や家庭での自学にも使っていただけます。

（1）意味調べ「しりとり」

国語辞典で意味調べをしながら、**しりとり**をします。

ちゃんと国語辞典を引いた証拠として、**「言葉」**と**「ページ数」**を書きます。

番号	言葉	ページ数
①	りんご	P1650
②	ごりら	P536
③	ラッパ	P1625
④	パンツ	P1250
⑤	つつじ	P980
⑥	ジュース	P668

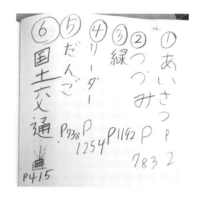

隣同士でやっても楽しいし、1人でやっても楽しいです。

（2）意味調べ「ピラミッド」

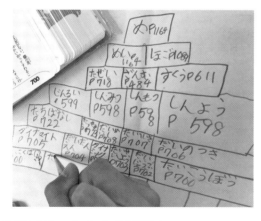

＊元小学校教師の村野聡氏の「漢字ピラミッド」の実践を応用しました。「漢字ピラミッド」は、1段増えるごとに、画数が1画ずつ増えます。

1段目は、1文字の言葉を一つ、意味調べをします。（例：き）
2段目は、2文字の言葉を二つ、意味調べをします。（例：いぬ・ねこ）
3段目は、3文字の言葉を三つ、意味調べをします。（例：ふとん・アイス・ゲーム）
　4段目、5段目……と**段数が増えていくほど、文字数と調べる言葉の数が増え**ていきます。段数と同じ文字数、段数と同じ言葉を調べます。文字数は、漢字でなく、ひらがなでカウントします。

実物を提示すると、子どもの学習意欲が高まる

「モチモチの木」は本当にある？

しくじり

しくじり

作り話で、実際はないと思っていた物語

　小学3年生の国語の教科書に『モチモチの木』という物語文があります。夜中に1人でトイレにも行けないほど弱虫な豆太のお話です。

　初めて3年生を担任して、『モチモチの木』を授業したとき、子どもが最初の感想で、
「モチモチの木ってあるのかな～？　と思いました」
と発表しました。私は、「作り話だから、モチモチの木なんて実在しない」と思い込んでいました。子どものつぶやきに私は、「子どもって、純粋だな～。かわいいな～」としか思いませんでした。でも、後日、よく調べると**「栃の木（トチノキ）」**として実際にあることが分かりました。教材研究が足りていませんでした。

改善法

実物をネット通販で購入

　モチモチの木のモデルとなっている「栃の木」を調べると、30mほどの高さの木もありました。

　栃の木の実である「栃の実」を加工して、お餅や煎餅やお茶、アイスクリームなどの商品にもなっていました。

　通販サイトで調べると、**栃の実が1kg2400円**ほどで売られていました。さっそく購入すると、栃の実が80個以上入っていたので、学年全員に1個ずつあげました。私と同じようにモチモチの木は実在しないと思っている子どもが大

半だったので、実在することを知ると、とても驚いていました。そして、私が栃の実や、栃の実で作られた煎餅などの商品を見せると、さらに驚いていました。

　栃の実のプレゼントに、子どもたちは大喜びでした。勇気を出してチャレンジするためのお守りにする子どももいました。下の写真は、栃の実を大切に手の平に乗せる子どもの様子です。

　子どもたちは、

実物を実際に見ると、学習意欲が想像以上に高まりました。

　架空の物語が、現実にもつながっていると知り、物語文に親近感や愛着がわいていると感じました。社会や理科だけでなく、国語でも実物を提示する効果は計り知れないと感じました。

『モチモチの木』の他にも、実物を用意すると効果的な教材文があります。次は、その一例です。
1年生　『おおきなかぶ』…かぶ
1年生　『たぬきの糸車』…糸車
2年生　『たんぽぽのちえ』…たんぽぽ
3年生　『すいせんのラッパ』…すいせん、ラッパ
4年生　『こわれた千の楽器』…チェロ、ハープ、ホルンなどの楽器
5年生　『紙風船』…紙風船
6年生　『海のいのち』…クエ

＊高価な場合、ミニチュアのおもちゃだと安価で入手できます。

「名言調べ」で、やる気と優しさを注入

子どもの「推し」に語らせて、見える化

しくじり

子どもたちに 私の言葉は、響かない

　子ども同士の人間関係や授業中の態度に問題があったとき、
「そんなこと（友達と言い争い）してる時間、もったいないよ！」
「人のせいばっかりにしないで、自分も仲良くするように努力して！」
と注意をしました。
　すると、普段から家でも学校でも叱られ慣れている子どもたちは、
「うざ」「分かってるし」「自分は悪くないし」「はぁ……（溜息）」と、
聞く耳持たずで反抗的な態度でした。私自身が、

> **教師としての魅力、**
> **１人の人間としての魅力が足らない**

ことを痛感しました。

改善法

推しの言葉は、響く

　もっと私が魅力ある教師・人間になれば同じ言葉でも子どもに響いたはずです。でも、魅力ある教師・人間になるのは、容易なことではありません。今、目の前にいる子どもた

ちに、私の成長を待ってはもらえません。そこで、

> **子どもたちが好きな漫画やアニメのキャラクター、スポーツ選手や芸能人などの有名人の名言を引用しました。**

① 八つ切り画用紙を８等分 した白画用紙をたくさん用意する。
② 自分の 推しの名言 を、本やパソコンで調べさせる。
　（教室に掲示して他の友達も見るので、「友情」「夢」「挑戦」「努力」など、前向きなテーマにする）
③ 鉛筆で下描きをして、ネームペン でなぞる。
　空いたスペースに、調べた人物の顔 を描いて色鉛筆で塗る。
④ 左端に自分の名前を書く。
＊１枚目が完成したら、２枚目、３枚目と書く。

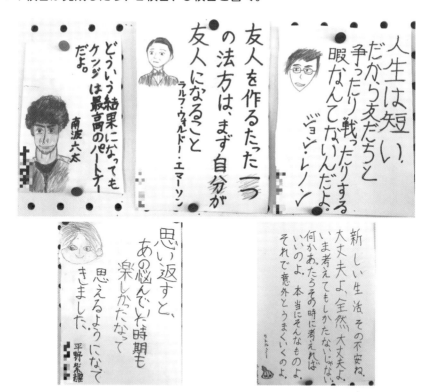

　いつも私が言っているような内容でも、子どもたちが調べた推しの言葉は、効果抜群でした。休み時間、掲示した名言を何度も読んでいました。

ラグビーボール型の「円の面積」の検算法

小6の受験生に教えてもらった面積の求め方でスッキリ

3.14の円周率が面倒くさい

小学6年生の算数に「円の面積」の単元があります。

円の面積＝半径×半径×3.14の公式を使って、色を塗った面積を求める問題が教科書に載っています。中でも、ラグビーボールのような形をした面積を求める問題は、大人でも難しいです。

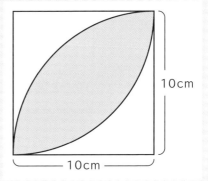

10cm

10cm

教科書には、3通りほどの解き方が載っています。円周率3.14を使った計算も面倒くさいです。電卓を使って検算（確かめ算）させても、考え方に自信がもてないので、正解かどうか不安です。

改善法

検算して答えを確認

進学塾に通っている子どもから、

> ## 「正方形の面積×0.57で、答えが分かります」

と教えてもらいました。確かめると本当に同じ面積になりました。左ページの問題のように、縦10cm、横10cmの正方形の面積は……（10×10）100cm^{2}で、100×0.57をして、57cm^{2}になります。他の長さの正方形の図形でも試しましたが、答えと合っていました。

　なぜ、正方形の面積×0.57（P.157*注４）になるかは私も分かりませんでしたが、答えが分かるのは、子どもにとって心強いことです。ゴールが分かっていたら、後はスタートからゴールへの道筋を考えるだけです。ゴール（答え）が分からない中で、ゴール（答え）への道筋を考えるより、随分、ハードルが下がります。問題を解いてみようという意欲が上がります。

　ただし、次の注意が必要です。

> ## 「検算で、『正方形の面積×0.57』を使うのはよいけれど、
> ## 式に『正方形の面積×0.57』と書いたら、ダメだよ」

　すると、子どもから「え～！　なんで～!!」と反応があります。
　ここで、怒ってはもったいないです。
「どうして『正方形の面積×0.57』の式を書いたらダメだと思う？」
と、逆に子どもたちに考えさせます。教師が一方的に考えを押し付けても、子どもには入りにくいからです。子どもから引き出したほうが、入りやすいのです。
　子どもから、
「『正方形の面積×0.57』の式になる理由が分からないからです」
と、返答があったところで、
「その通り！　先生は、答えだけでなく、考え方を知りたいからね」
と言ってほめます。

＊「ラグビーボールのような形」というネーミングも、教師が一方的に押し付け
　ないで、子どもたちに考えさせると楽しいです。「オムライスみたい」「猫の黒
　目みたい」と、子どもたちから出ます。自分たちで名付けた図形だと親しみが
　出ます。

算数のたくさんの練習問題に不満を言わせない

たくさんの練習問題に楽しく取り組む①

しくじり

「え〜!」って言ったの、誰や!?

　算数の教科書に、毎時間ごとに練習問題が載っています。
　図形単元は、他の単元よりも練習問題の数が少ないですが、分数や筆算などの計算単元は練習問題が多いです。それでも6問程度までなら、算数嫌いな子どもも何とか耐えられます。でも、9〜12問もあると、
　「え〜〜〜〜〜〜!」
と、つい子どもの口から声が漏れてしまいます。
　若手の頃、そんな子どもの悲鳴を反抗と捉えてしまって、
　「今、文句言ったの、誰や!?」
などと、厳しく取り締まっていました……。

改善法

教師と対決&100本ノック

【1】教科書のたくさんの練習問題を教師と対決♪

> 「先生も、黒板に問題を解いていくね〜♪
> 位置について（鉛筆を持って）、よ〜いスタート!」

と言って、子どもたちと一緒に問題を解いていきます。
　子どもたちは「先生より早く問題を解こう!」と、とても意欲的になります。以下の①〜④の工夫を入れると、子どものやる気がさらにアップします。

①教師が「ハンデね♪」と、スタートを少し遅らせて煽る。

②教師が「ちょっと休憩」と、途中で休んで煽る。

③教師より早い子どもがいたら、「みんなはノートだけど、先生は大きな黒板に書いてるから」と負け惜しみを言う。（次にするとき、「黒板に書きたい」と言う子どもが出てきます）

④ **「先生より早く書いた部門」** の他に、**「書いた答えが全部、○部門」**、**「隣の人より字が丁寧部門」**、**「先生より字が丁寧部門」** などを設ける。

【2】「問題が少なすぎる！」と教師が逆ギレ♪

算数教科書のたくさんの練習問題に、子どもから「え〜！」というような表情や声の反応があったとき、すかさず次のように話します。怒ったように言うと効果的です。

「みんなの『え〜！』って 気持ち、先生、分かるわ〜 。先生は、『え〜！』を通り越して、『は〜〜!?』って気持ち。

『たった、これだけ？』って思うよな〜。え？ 12問!? たった12問でできるようになるか!?

野球だったら 、バットを12回だけ素振りして、毎回ヒットを打てるようになるか？ なるはずがない！

サッカー だったら、シュート練習を12回して、ゴールを決められるようになるか？ なるはずがない！

水泳 のクロール、12回だけ練習して、クロール25mを泳げるようになるか？ なるはずがない！

ピアノ も、習字 も、英語 も同じ。たった、12回の練習でできるようになるわけない！

でも、許してあげてね。教科書は、どの会社の教科書もページ数が決まっているから、載せられる問題数も限られてくるんだよ。本当は、100問ぐらい載せたいけど。それにしても、たった12問か……」

子どもは笑いながら、問題を解き始めます。

「お札プリント」で、子どもの意欲UP！

たくさんの練習問題に楽しく取り組む②

配った瞬間「え〜！」と大ブーイング

　算数の教科書は、ページ数の関係で、載せられる問題数も限られています。しかし、教科書の問題数では足りない内容もあります。特に、計算問題や図形問題です。学習したことが定着するには、反復練習が必要です。

　そこで、下のようなB４サイズのプリント（P.157*注５）を子どもたちに配りました。

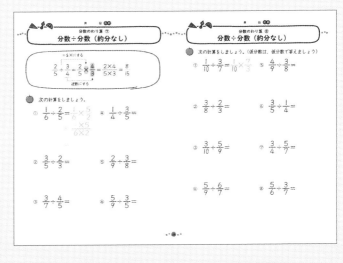

　すると、子どもたちから「え〜〜！」「こんなにも〜！」と大ブーイングでした。

　子どもたちの声に、私もついカッとして「今、文句言った人、誰？」「たくさん問題しないと、できるようにならないでしょ！」と威圧的な対応をしてしまいました。

「やった～！ お札プリントや！」

B4サイズの計算プリントを、下の写真のようにハサミで切って、そのうちの1枚だけを子どもたちに渡しました。

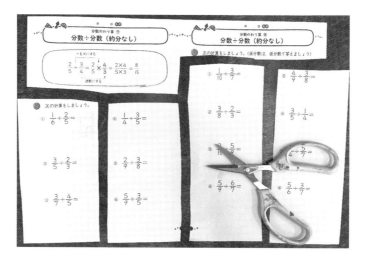

すると、「え～～！ これだけ～!?」「お札みたい♪」と大喜びで、驚くほど意欲的に取り組みました。1枚終わると、答え合わせをし、また1枚、渡しました。すると、「やった～！ またお札プリントや！」「なんだ～まだあるの～？」と言葉はいろいろですが、どの子どもも楽しそうに取り組みました。この後、同じことを繰り返しましたが、子どもたちは意欲的に取り組むことができました。

お札プリントを何枚も意欲的に取り組めた理由は、次です。

---

①「終わった！」という 達成感 を、短い時間でたくさん味わえる
　から。

　（さらに、「がんばったね！」と先生にたくさんほめてもらえるから）

②自分が分からないところやミスに、 早めに気づける から。

お札プリント形式は、他の教科のプリントにも使えます。

わり算の筆算の検算を分かりやすく

検算の式を面倒くさがる子どもたち

いちいち元の横式を書くのが面倒くさい

わり算の筆算を、小学4・5年生で学習します。

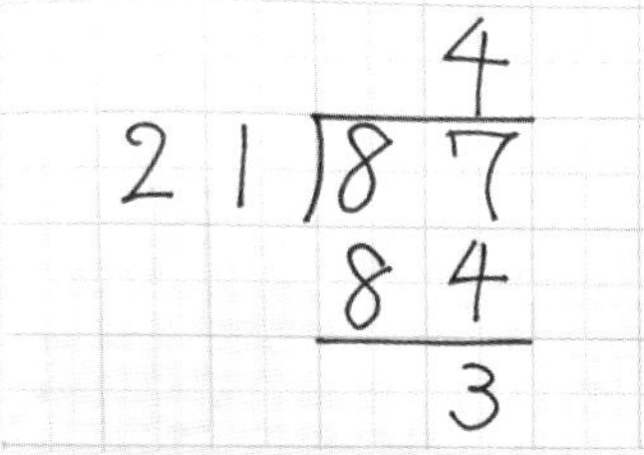

$$21 \overline{)87}$$ 商 4、84、あまり 3

「検算をしましょう」
「検算の式を書きましょう」
という問題が出ることもあります。
　左のわり算の検算の式が、すぐに分かりますか?

子どもは、あまりの「3」を足せばよいと分かります。
　しかし、「21 × 4」か「4 × 21」か迷います。そこで、下の写真のように教科書に載っている通り、横式に書き直させます。

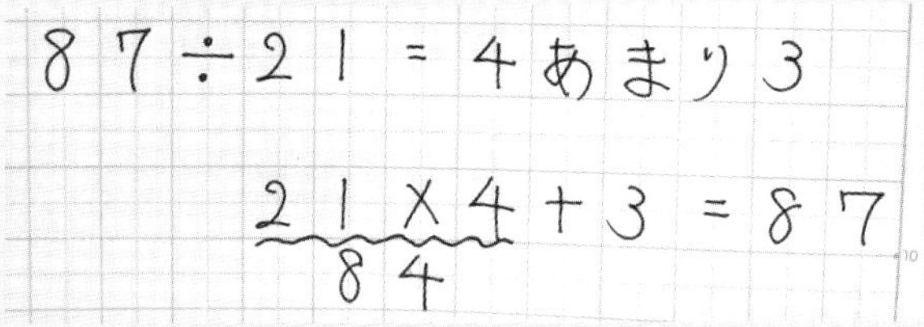

$$87 ÷ 21 = 4 \text{ あまり } 3$$
$$\underline{21 × 4} + 3 = 87$$
$$84$$

確かに、筆算から横式に書き直せば、検算の式を立てやすいですが、

> **子どもにとっては、横式1行を書くのが、とてつもなく面倒くさい**

のです。すぐに検算の式を書きたいのです。そんな気持ちを無視して、「面倒くさがらずに書く!」と威圧的に対応してばかりでした。

改善法

筆算のままでも検算できる

　筆算をいちいち横式に書き直さなくても、検算の式を正確に書ける工夫を考えました。下の写真です。

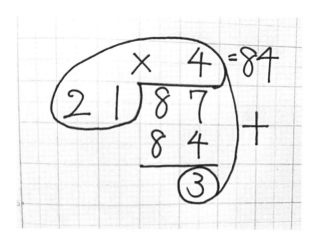

　この方法を、子どもたちに紹介すると、4〜6年生の子どもは毎回、「めっちゃ楽ちん！」「分かりやすい」と好評です。子どもたちは「クルリン検算」などとネーミングしてくれました。

＊教科書の〈あまりのあるわり算〉では、あまりを「…」ではなく、「あまり」と記載されています。あまりを「…」と表現する記載は一つもありません。では例えば、「7÷2＝3あまり1」を「7÷2＝3…1」と書いたら不正解なのでしょうか？（子どもは面倒くさいので「…」と書きたがります）実は、

> **学習指導要領には、「あまりの書き方」の記載はどこにもありません。**

　つまり、計算は「3あまり1」と書いても、「3…1」と書いても、どちらも正解なのです。でも、文章題の答えとして、例えば「3人…1個」と、「…」を使って書くのは、間違いになります。

体育

帽子をとって走っていいよ

20mシャトルランで、教師の株が上がる

子どもの気持ちを理解していない体育授業

　毎年、4〜5月に新体力テストがあります。

　持久力を測る「20mシャトルラン」は、新体力テストの中で、いちばん疲れます。

　でも、疲れるのは、子どもです。私は見ているだけで、疲れません。

「がんばれ〜！」

と応援し、ルールを守って走っているか見ているだけです。

　走り終わった子どもたちは、汗びっしょりになって息絶え絶えです。

　体育の時間が終わって、

「先生、しんどいです」

と言いに来る子どもに、

「走ったらしんどいのは当たり前！」

と、イライラしてしまうこともありました。

　あたたかくない、冷たい教師でした。

改善法

子どもと一緒に走ってみる

　若手の頃は、走っている子どもをただ見ているだけでした。

　でも、10年ぐらい前、子どもに、

「先生、何回、走れる？」

と聞かれて、軽い気持ちで子どもと一緒に走ってみました。

　予想以上に疲れました。次の時間、授業をするのが、とてもしんどかったのです。でも、「もう走るのはやめとこう」と

は思いませんでした。子どもと一緒に走ったのが楽しかったからです。子どもの頑張りや、しんどさも分かりました。そして何より、帽子を被って走ると、とても暑いです。頭が蒸します。余計な汗がダラダラと流れます。そこで、

「帽子をとって、走っていいよ」

と話しました。
　すると、子どもたちは大喜びでした。体育の時間は、赤白帽子を絶対に被るものだと思っていたからです。
　でも、よく考えると、屋内で赤白帽子を被る必要がある運動は、マットや跳び箱だと気づきました。
　それ以来、屋内でのバスケットボールやバレーボールなどのボール運動のときも、赤白帽子を被らないでいいようにしました。子どもに大好評です。よくよく考えると、帽子を被ってバスケットボールやバレーボールをするほうが、違和感がありますよね。

　また、子どもと一緒に走ってみて
分かったことですが、次の授業がとてもしんどくなります。もし可能でしたら、

その日、最後の授業時間に、20mシャトルランをする

ことをおすすめします。
　5時間目や6時間目に20mシャトルランをするのです。そうすれば、体育の授業が終わったときに、しんどそうな子どもを見て、次の授業を無理に頑張らせないで済みます。
「家に帰ったら、ゆっくり休んでね〜」
と、あたたかい言葉がけができます。
　くれぐれも給食前の4時間目は避けてください。走った直後に給食を食べるのはきつすぎます（これも経験して分かりました）。

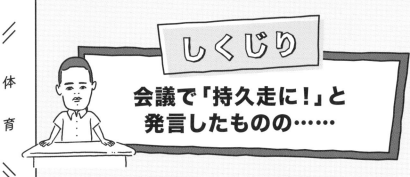

「マラソン練習」を無理なく、楽しく

持久力が低く、走り続けるのが苦手な子ども

冬場、「マラソン週間」「マラソン大会」に取り組む学校がありました。

マラソンは、決められた距離を走ったタイムを計ります。しかし、

> **学習指導要領には、マラソンでなく、**
> **「持久走をすること」**

と、記載されています。

さらに、**持久走は、「無理のない速さで、〇〜〇分走る」**と記載され、走る時間も学年ごとに示されています。（小学1・2年生は2〜3分。3・4年生は4〜5分間。5・6年生は5〜6分）

マラソン週間では、体育や休み時間に、学習指導要領に示された時間以上を子どもに走らせます。マラソン大会でも、10分以上かけて走る子どもがたくさんいました。

そこで、若手だった私は、企画会議で、
「マラソンではなく、持久走にしましょう」
と意見しました。具体的に、20mシャトルランへの代案も出しました。しかし、
「長年、続いている行事だから」
「保護者も楽しみにしているから」
「20mシャトルランは、学年全員で走れないから」
などの反対意見があり、それ以上は言い返せませんでした。私は、嫌々、マラソン大会に向けた指導をし、子どもも楽しそうではなかったです。

改善法
しんどい持久走を楽しい持久走に

「マラソンじゃなくて、持久走」とツッコんでも変わりませんでした。
　でも、ひたすらトラックを回るのはしんどいし、やる気も起きません。
　そこで、少しでも楽しく走る工夫をしました。

---

①最初は 1分間走から 始める。次の体育の時間は、2分間走。1分ずつ走る時間を長くする。

②教師も一緒に 走る。

③教師はトラックの内側を 反対周り で走る。たくさんの子どもたちとすれ違うので、「がんばれー」などと声をかけたり、手を振ったりする。

④BGMを流す。（途中で止めずに再生する）

⑤BGMを流す。（時々、曲を 一時停止 し、曲が聴こえないときは歩く。曲が再生したら、また走る）

⑥走り縄跳び （かけあし跳び）で、トラックを走る。

⑦ボールを 蹴りながら ドリブルで、トラックを走る。

2人組で走るのも子どもたちに好評です。

---

① 1人1周交代 で走る。（1周走ると、1周休める）

②1人1周交代で、走り縄跳び （かけあし跳び）で走る。

③1人1周交代で、ボールを蹴りながら 走る。

④ジャンケン をして、負けたほうが1周走る。（勝ったら、1周休める）

⑤あっち向いてホイ で負けたほうが走る。

⑥手をつないで走る。

⑦手でボールをパス しながら走る。

⑧足でボールをパス しながら走る。

＊上の練習を20mシャトルランに取り入れることもできます。

運動会に向けての楽しいリレー練習

勝ち負けよりも、仲間づくりの紅白対抗リレー

運動会の高学年の競技で、紅白対抗リレーがよくあります。先生のみなさんは、次のどのパターンで走らせますか？

①クラスごとに、紅白チームで走る。
②クラスを混ぜて、紅白チームで走る。

私は、①②どちらも経験したことがあります。その上で、おすすめしないのが①の「クラスごと」です。学校で「クラスごと」と決まっている場合は仕方ありません。でも、変えられるのなら変えたほうがいいです。そのぐらいデメリットが大きいからです。

一見、①の「クラスごと」のほうが、休み時間に練習したり、教室でも簡単なバトンパスの練習をしたりできます。

でも、**クラスごとに走らせると、必ず"1組対2組"のようなクラス対抗の意識が芽生えます。**紅白対抗なのに、「やった！ 1組（2組）が勝った！」となります。そして、いちばんクラス対抗の意識が強くなるのは、子どもでなく、担任です……。

何とか、自分のクラスの子どもたちに勝たせたいという気持ちから、隣のクラスには秘密で、特訓が始まります。足が遅い子どもと、速い子どもを交互に走らせます。足が遅い子どもは、できるだけすぐに足の速い子どもにバトンを渡します。走る距離を短くするのです。反対に、足が速い子どもは、できるだけバトンゾーンいっぱい走ります。走る距離を長くするのです。

自分のクラスの子どもたちを思う気持ちは分かりますが、悲しい現実があります。

改善法
クラス混合の紅白対抗リレー

　もし、「クラスごと」か「クラス混合」のリレーかを決められる場合は、相方の先生との打ち合わせで、次の三つのことに気をつけます。

（1）「クラスごとか、クラス混合か、どっちがいいですか？」と 聞かない 。

（2）「クラスごと」のチームで走る デメリット （左ページ）を伝える。

（3）「クラス混合」のチームで走る 意図 を伝える。高学年は学級づくりだけでなく、学年づくり・学校づくりにもつながる。

　クラス混合チームのリレー練習は、担任が必要以上に勝ち負けにこだわらないので、余裕をもって指導できます。走力だけで勝ち負けが決まらない楽しい練習方法「わくわくリレー」（4パターン）を紹介します。
　まず、バトンを持って、わくわくゾーンまで走ります。

① わくわくゾーンで、ジャンケンで勝ったら走ることができる。
② わくわくゾーンで、あっち向いてホイで勝ったら走ることができる。
　（①②は、子ども同士で。最後に1人になった人は走れる）
③ わくわくゾーンで、先生とジャンケンで勝ったら走ることができる。
④ わくわくゾーンで、先生とあっち向いてホイで勝ったら走る。
　（③④は、先生の前に1列で並び、1人ずつ先生と対決。負けたら列の後ろに並び直し、勝つまで繰り返す。見学の子どもがいる場合は、先生役を見学の子どもにさせるのも楽しい）

用意もルールも面倒くさくない

フラフープのポートボールと、タグなしラグビー

しくじり

ゴール台と ゴールマンの問題点

　体育の授業で、ポートボールをしたとき、**「ゴールマン」問題**が起きました。

①ゴールマンが立つ台を２人組で運ばせているとき、手がすべって台が足に落ちてケガをしてしまう。

②ゴールマンが夢中になりすぎて、台から落ちてケガをしてしまう。

③台に立つと周りより高いので、簡単に点が入りすぎてしまう。（どちらのチームもおもしろくない）

　また、タグラグビーの授業では、**「タグ」問題**が起きました。

①タグをとっても「タグ！」と大きな声で言えない子どもがいる。

②タグをとられて「タグ！」と言われているのに、気づけない子どもがいる。（そして、ケンカになる）

③取ったタグを投げて渡す子どもがいる。（そして、ケンカになる）

改善法

コートづくりとルールを工夫

　ポートボールには、ゴールエリアがあります。ゴールエリアは、ゴールマンだけが立てます。そして、ゴールエリア内でゴールマンがボールをキャッチすると、点数が入ります。普通、ゴールエリアは台を用意しますが、この台からゴール

マンが落ちたり、ガードマンが当たったりして、ケガをする子どもがいました。そこで、

台でなく、フラフープ（内）をゴールエリアにする

ことにしました。ケガがなくなり、準備も簡単になりました。また、台のようにゴールマンが立つ場所が高くないので、シュートやパスを工夫するようになりました。**フラフープを一つから二つに増やす**と、ゴールマンも動きに工夫が生まれました。講堂の場合は、マットをゴールエリアにすると、さらにゴールマンが考えて動くようになりました。

　また、タグラグビーをする際、これまでは、
「今日から、タグラグビーをするよ」
と言って始めていました。しかし、ラグビーに抵抗感がある子どもやルールを理解するのが難しい子どもがいました。そこで、

---

①ポートボールからラグビーに少しずつ変えていく
②タグをつけないで、（ソフト）タッチにする

ようにしました。具体的には、次の手順で少しずつラグビーに変えていきました。

（１）ポートボールをする。
（２）ポートボールのルールで、ボールをラグビーボールにする。
　　　（当たっても痛くない柔らかいスポンジ素材）
（３）「ボールを持っている人が敵にタッチされたら、ボールを５秒以内に投げる」というルールを加える。
　　　（タッチした人は、「タッチ！」と言う）
（４）「敵にタッチされてボールを投げるとき、前に投げない。後ろに投げる」というルールを加える。
（５）ゴールマンをなくす。ゴールエリアを設ける。
　　　（ラグビーとほぼ同じルールになる）

＊毎時間、一つずつルールを変えていきます。１時間の授業でたくさんルールを変えると、戸惑う子どもがいるからです。準備運動で **鬼ごっこ** をすると、タッチの練習にもなるのでおすすめです。

運動場も講堂も使えないときの体育

風船バレーで、ストレス発散＆仲間づくり

しくじり

雨だから、今日の体育は保健の授業

　雨が降ったら、通常は、講堂で体育ができます。

　しかし、講堂も使えないときがあります。例えば、劇や音楽の鑑賞会や学習発表会、作品展、卒業式の練習シーズンなどです。雨が降ったら、講堂でも体育ができないので、

「今日の体育は、教室で保健の授業をします」

と子どもたちに伝えます。すると、大ブーイングです。私もついカッとなって、

「保健体育！ 体育だけじゃない!! 保健もセット!!!」

と上から言い返してしまいます。

　余裕があるときは、お楽しみ会の練習や図工などをするのですが、それでも体育好きの子どもは残念そうです。

改善法

子どもに人気の風船バレー

　多目的室を使った、風船バレーを紹介します。工夫すれば、クラスの教室でもできます。

①風船は、 休み時間 に子どもたち有志で膨らませてもらっておく。

②膨らんだ風船は、学校でいちばん大きなごみ袋に入れて持って行く。

③ 教室の班（４〜５人）で、１チーム。

④チームで円になって、何回続くかの練習。（ 立って ）

⑤チームで円になって、何回続くかの練習。（ 膝を床につけた状態で ）

⑥チームで円になって、何回続くかの練習。(**立って、手をつないで**)
⑦ **他のチームと試合**。(膝を床につけた状態で。ネットは、スズランテープ をセ
　ロハンテープで椅子に貼り付けて代用)

班(4～5人)で、円になって練習。条件は、膝を床につけること。(⑤)

班で、手をつないで立って練習。頭を使う子どもも♪ (⑥)

試合。膝を床につけて。スズランテープがネット代わり。(⑦)

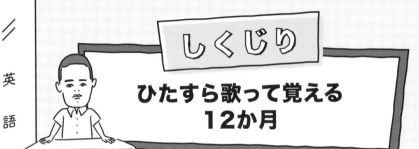

しくじり

ひたすら歌って覚える12か月

英語の12か月を覚えるには？

歌でなく、語呂合わせで覚える

　英語で1月から12月まで、すらすら言えますか？　正直、私は自信がありません。中学・高校生時代に必死で暗記したのに、英語の授業を子どもたちにしているのに、すらすら言える自信がありません。

1月	January
2月	February
3月	March
4月	April
5月	May
6月	June
7月	July
8月	August
9月	September
10月	October
11月	November
12月	December

　1月のJanuaryから7月のJulyまでは、勢いで言えます。でも、8月のAugustから12月のDecemberまでがあやふやになってしまいます。特に、9月のSeptemberから12月のDecemberまでの4か月は、語尾にerが共通して付いているのでややこしくなります。

　自分は覚えられないのに、子どもには根性主義で、ひたすら歌って覚えさせようとしていました。

改善法

「ASOND」で覚える

　小学6年生を担任したとき、「どうやったら8月のAugustから12月のDecemberまでを無理なく覚えられるか」について、子どもたちと話し合いました。そして、**社会科の歴史年号のように語呂合わせにしたら覚**

えやすいと、まとまりました。

　語呂合わせの仕方は、8月から12月までの1文字目だけを語呂合わせにしました。

> ## 「ややこしい8月からは、ＡＳＯＮＤ（遊んで）」

として、 英語の12か月に関する問題が出たとき、 プリントなどにまず「ASOND」と書きます。次に、一番右の「D」の上に「12」と書きます。そして、右から順に「N」の上に「11」、「O」の上に「10」、「S」の上に「9」、「A」の上に「8」と書きます。

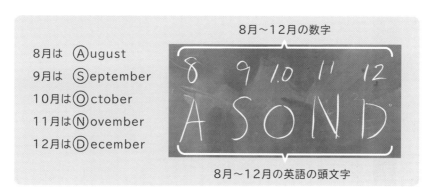

8月は	Ⓐugust
9月は	Ⓢeptember
10月は	Ⓞctober
11月は	Ⓝovember
12月は	Ⓓecember

8月～12月の数字

8月～12月の英語の頭文字

　もし、「**11月は、英語で何と言いますか？**」というような問題が出たら、そのメモを元に、「N、N、N……November」と答えます。1文字目が分かっているだけで、ずいぶんと思い出しやすくなります。

　また、「**Octoberは、何月ですか？**」というような問題が出たら、メモの「O」の上に書いた数字「10」を見るだけで、答えが分かります。

　この語呂合わせの覚え方は、暗記が苦手な子どもだけでなく、その保護者や中学に進学した子どもたちからも大好評でした。

　ちなみに、1月から7月はそれぞれ次のように語呂合わせになりました。

> 1月 Januaryは「**じゃ**、始めよう」　2月 Februaryは「**ふ**たつめ」
> 3月 Marchは「**3Ma**（さんま）」　　4月 Aprilは「**エイプリル**フール」
> 5月 Mayは「5月生まれの**メイ**ちゃん（『となりのトトロ』）」
> 6月と7月 JuneとJulyは「**ジューン**（6月）**ブライド**（7月）」

しくじり

実物を見せて、ノートに書かせたのに……

授業づくり

理科

16

百葉箱の地面からの高さは？

実感のない知識は定着しない

小学4年生の理科で、「百葉箱の高さは、**地面から1.2m～1.5m**」ということを学習します。教科書に書かれている百葉箱についての説明文を読ませ、実際に、校内にある百葉箱を見に行かせ、自分の背と比べさせます。

ノートに、「1.2m～1.5m」と数字だけでなく、百葉箱と人の絵もかかせます。テスト前に確認もします。それでも、**テストで間違える子どもが2割もいました。**

> 本当に1.2m～1.5mの高さにあることを
> 十分に理解していない

ことが、間違いの原因でした。

改善法
メジャーを使って高さを測らせる

　百葉箱の地面からの高さは、教科書には「1.2m～1.5m」と書かれていて、30cmの幅があります。

　そこで、次のように探究する授業をしました。

---

①百葉箱について、**教科書**の説明を読ませる。

②「百葉箱、この**学校**にもあるよ。知ってる？」と聞く。
　（意外と知らない子どもが多いです。見たいという意欲が出ます）

③「1.2m～1.5mの高さというのは、**箱のどこまでの長さ？**　箱の底まで？　箱の天井まで？」と聞く。
　（百葉箱の中の**温度計まで**の長さということを押さえます）

④「みんなは**身長**、何cm？」と聞く。

⑤「**もっと低いところ**に百葉箱があったほうがよくない？　背が低い人でも見えるように」と聞く。

⑥「**なぜ、こんな高さ**にあるの？」と聞く。
　（地面の熱に影響を受けないためです。実際に、地面近くの気温を測って確かめます）

⑦「**教科書には、1.2m～1.5m**とあるけど、この学校の百葉箱は、**実際、何cmかな？**　みんなの身長と比べてどうかな？」と聞く。
　（4年生の身長と同じくらいの高さなので、早く測りに行って確かめたくなります）

⑧**メジャー**を持って、測りに行きます。
　（自分の身長と百葉箱の実際の高さが分かって大喜びです。勝った・負けたが分かるので）

⑨ノートに、百葉箱の実際の高さを**書く**。

　子どもたちは授業に熱中し、以前よりも学習したことの定着を図ることができました。「1.2m～1.5m」を深堀りして、具体的な数値を求めたからだと思います。

＊百葉箱の周りを黒の色画用紙で貼って、「風通し具合」や「白色の効果」を比較実験するのもおすすめです。

社会や理科の授業の「まとめ」を楽しく

板書をノートに書き写すだけでは「つまらない」

しくじり

小さな文字でぎっしりの板書を書き写す

小学6年生の理科〈発電と電気の利用〉の単元に、「手回し発電機は、乾電池と同じような働きをするのか」という内容があります。この学習のまとめは、次の三つです。

①手回し発電機には、ハンドルを回しているときだけ、乾電池のように、電流を流すはたらきがある。
②手回し発電機のハンドルを逆向きに回すと、電流の向きも逆になる。
③手回し発電機のハンドルを回す速さによって、電流の大きさが変わる。

これを、私は板書しながら、子どもたちにノートに書き写すように指示しました。すると、「え～！」と文句を言う子どもがいました。写し終わったら、「はぁ～つかれた～」と言う子どももいました。楽しい実験の最後の子どもの感想が、文句と疲労でした……。

授業のまとめをノートに書くのは、理科だけではありません。社会や算数もあります。

しかも、「1時間の板書は、途中で消さずに残しておく」という、教師にとっての授業の決まりがあったら、子どもはもっとしんどくなります。理由は、まとめの内容だけを大きく板書できないからです。小さな板書の文字を、目を細めながら書き写す子どもが不憫でなりません。

改善法

まとめの文章を選択・要約

子どもがノートに書き写す負担を減らすために、次の工夫をしました。

遠くの板書でなく、手元にある自分の教科書を見て書き写させる。

視力や見え方に問題がある子どもから大好評でした。教科書と全く同じ言葉だったら、教師も黒板に書き写す必要はないかもしれません。

左ページに挙げた例のように、**まとめの文章が長い場合**は、

「①〜③で どれがいちばん、まとめとして大切 だと思う？」

「その理由を近くの人と相談して。文字数が少ないからという理由はなしで」（その後、発表）

「じゃあ、2番目に大切なまとめはどれ だと思う？」
（同じように近くの人と相談させ、発表させる）

「自分が、1番目と2番目に大切だと思うものを、ノートに書きましょう」

と、各自でまとめを「選択」させました。場合によっては、一つだけを選ばせることもありました。「自分でまとめを選べる」ということが、勉強が苦手な子どもに好評でした。本当は文字数が少ないから選んだのに、頑張って理由を言う姿もかわいらしいです。また、まとめを選んで、その理由を考えることで、より学習内容を深めることにつながりました。

国語の授業で物語文や説明文の「要約（短くまとめる）」を指導したら、理科や社会でも関連させて、

「（教科書の）まとめの文章を、30文字以内で 要約 してごらん」

と言って、子どもたちに要約させました。キーワードを確認しながら、最後に私の要約文を板書しました。長い文章を短くできるのが、子どもたちのワクワク感をくすぐりました。要約する活動を通して、学習の内容を深く考えることにもつながりました。教師が事前に、「穴埋め形式のまとめプリント」を作成・印刷しておくという方法もありますが、なかなか時間がない場合もあります。そんな場合におすすめの工夫です。

音痴教師の歌唱指導

手本映像とトーナメント戦で力を伸ばす

しくじり

音楽的な指導が できない……

　私は音痴です。自分の声が、音程と合っているか分かりません。ピアノも全く弾けません。音符は下から数えないと読めません。拍もとれません。だから、音楽の授業は、音楽の教科書に付いているCDをかけて、
「もっとCDの歌声を聴いて」
「もっと美しい声で」
「もっと声を出して。聞こえない」
「もっと楽（悲）しそうに、歌って」
と、誰でも言えるようなことしか指導できませんでした。

改善法

映像を手本に歌い方を指導

　音痴の私は、手本になって歌えません。そこで、手本になる映像を動画サイトなどで探します。見つけた映像を子どもたちに見せて、歌い方を指導します。
　手本映像 を使った指導ポイントは、次です。

①手本映像と、自分や自分たちの歌い方との
　違いに気づく。

②手本映像を 真似して歌う。

③手本映像を アレンジして歌う。

だから、手本映像は静止画でなく、歌っている人が映っているほうがよいです。歌い方をイメージしやすいからです。また、字幕が付いている映像のほうが、教科書を見なくてもよいので映像に集中できます。

　ある程度、歌い慣れてきたら（3時間目ぐらいから）、カラオケ大会方式（トーナメント戦）で歌唱指導をします。

　対決で勝敗がつくので、子どもは本気になります。人前に立って歌うので、度胸や表現力もつきます。

カラオケ大会（トーナメント戦） の指導ポイントは、次です。

---

①評定項目（審査項目）を示す。
（声量・声の美しさ・姿勢・目線など）

②いきなり1人対決にせず、最初は大人数で歌う。そして少しずつ、一緒に歌う人数を減らしていく。
例：元1組vs元2組　＞　1号車vs2号車　＞　1班vs2班
　　＞　2人組vs2人組　＞　1人vs1人

③対決後に、歌った人へコメントを発表させる。
（音痴の私が気づけないような具体的なアドバイスを、子どもが言ってくれます）

④勝敗は、聴いている子どもたち全員の挙手で多数決。
（多数決の挙手をするときは、歌った子どもは後ろを向いて、具体的な挙手の数が分からないようにする。完封負けの場合、ショックだから。ただし、教師は、接戦かのような演技をする）

＊2人組vs2人組の様子。黒板中央にトーナメント表を貼ります。

版画の授業は「軍手」を着ける

安全グローブは、自分で自分を刺さないためのもの

図工の版画の授業で、彫刻刀を使うことがあります。彫刻刀の使い方を実演や動画やポスターで見せるなど、事前指導を入念にします。特に、

> ①彫刻刀は、**手前（へそ）から正面に向かって彫る。**
> （そのために版画版の向きを変える。上半身をねじって彫らない）
> ②彫刻刀で **彫る先に、自分の手を置かない。**

の二つは重々、指導します。しかし、版画版を彫ることに集中すると、上の①②を忘れ、自分の手を自分で刺してしまう子どもがいます。
「ケガしたら、10点マイナスだぞ！」
と、脅しのような指導をしてしまったことがあります。ケガをしたのに、減点されたくなくて、私にケガを内緒にする子どもが出てしまいました。

改善法

うっかりしても刺さらない

クラスによっては、教室に子どもが40人近くいることもあります。子ども全員が安全に彫刻刀を使っているか、教師1人で把握するのが難しいときがあります。例えば、個別指導をしているときです。

　そこで、事前指導だけでなく、環境づくりの工夫もしました。

①彫刻刀を持たない手に 軍手 を着ける。

　これで、うっかり自分の手を刺してしまっても、ケガをすることがなくなりました。また、「うっかり」を減らすために、場所の工夫をしました。

②図工室でなく、教室で授業 をする。

　図工室は、子ども同士が向かい合わせで座ります。横だけでなく目の前にも友達がいるので、ついおしゃべりをしてしまうことが増えます。教室のほうが集中して作業できました。

　これらの工夫は、家庭科の裁縫（ナップザック・エプロン作り）にも活かせました。家庭科室でなく、教室のほうが集中できました。針を持たない反対の手に軍手やゴム手袋を着けることで、針を刺してケガをすることを防げました。

　また、体育では、硬いバスケットボールを使って授業をすると、突き指をする女の子が多かったです。ケガが怖くてボールから逃げる子どももいました。そこで、柔らかいソフトバレーボールを使いました。突き指がなくなるだけでなく、積極的にボールに向かう子どもが増えました。

　サッカーボールの配慮もしました。スポンジ素材のサッカーボールは、蹴っても高く上がりにくいです。顔や急所に当たる不安がなくなったので、女の子も積極的に参加できるようになりました。「スポンジ素材」「クッション」「サッカーボール」でネット検索すると見つかります。

最後の参観掲示におすすめの版画

保護者がいちばん見たい「我が子の顔」

しくじり

「花」「お話」「役者絵」を一版多色刷り

一版多色刷りの良さ は、次です。

①「線彫り」が中心で、彫る技術があまり必要ない。

②下描きの輪郭線を彫るだけでもよいので、短い時間で完成する。

③黒と白だけの版画と違い、何色もの色を入れることで、絵を描くのが苦手な子どもでも、見栄えのする作品になる。

　下の写真は、小学4年生の国語で学習した『ごんぎつね』を元に、一版多色刷りをしました。（カラーでご覧いただけないのが残念です）

　「花」や「役者絵（〈江戸時代の町人文化〉6年生・社会）」のテーマでも一版多色刷りの授業をしました。黒と白だけの版画に比べると、とても手軽で見栄えのする作品になるのが魅力です。

　でも、保護者が忙しい中、授業参観で学校に来て、いちばん見たい作品は、何でしょうか？「ごんぎつね」や「花」「役者絵」でしょうか？ 自分が父親になって、「我が子の顔」だと気づきました。

改善法

「にらめっこ」を一版多色刷り

　下の写真は、4年生の3学期の参観で掲示した一版多色刷りの作品です。テーマは「にらめっこ」です。

　テーマを**「にらめっこ」にした理由**は、

> ### 「顔の表情」や「手の表現」が生き生きとするから

です。単なる「自画像」をテーマにすると、無表情で遺影みたいになってしまうと思ったからです。制作のポイントは次です。
①友達同士で、にらめっこをたくさん体験させる。
②とっておきの顔を写真に撮る。
③写真を見ながら、下描きを描く。誇張して描いてもよい。
④名前は、小筆を使って白色で書く。
⑤背景の色は、あってもなくてもよい。台紙は明るい色を使う。

紙とセロテープだけで作れるペーパータワー

１時間でできる熱中・協力の「工作ネタ」

しくじり

工作の授業、何しよう……

　図工の工作は、年度当初の予算計画で、工作キットを決めることが多いです。

　１学期、２学期、３学期と、学期ごとに注文できればよいのですが、予算の関係で注文できなかった学期がありました。「うわ～、もう１学期が終わってしまう！ まだ工作の授業してない……。工作キットもない。時間もない。どうしよう」と、相方の先生と途方に暮れました。

改善法

班でペーパータワーを作る

　図工の工作は、子どもたちに創造性や表現力を養い、手先を使って物を作る楽しさや達成感を味わわせることが大切です。また、工作を通じて、問題解決能力や集中力の向上を促し、学習意欲を高めることも大切とされています。だから、折り紙で何かを折らせたらよい、とはならないのです。そこで、１時間程度で完成して、学校にある物だけでできて、工作の授業の目的に合っている題材がペーパータワーです。

ペーパータワーは、その名前通り、「紙の塔」です。

●準備物：紙（B4サイズのコピー紙）、セロテープ、のり、はさみ
●ルール（評価）：
①班（4〜5人）で協力して、一つのペーパータワーを作る。
②高い ペーパータワーほど、ポイントも高い。
　　1番低い班は10ポイント、2番目に低い班は20ポイント、3番目に
　　低い班は30ポイント、などとする。
③人が支えないで、自力で立つ ペーパータワーは、50ポイントを加算。
●時間：45分間（どの学年でも実践できます）

　安定感を重視するか、それともひたすら高さを追い求めるか、班で話し合いながら、楽しく活動することができていました。班のみんなで支えながらも天井まで届く高さのペーパータワーを作る班、強度が足らずに途中で折れ曲がってしまう班などがありました。

　最後に写真に撮っておいて、掲示するようにします（解体してしまうので）。

実生活に活かせない道徳授業よ、サヨウナラ

道徳の授業をきれい事で終わらせない

しくじり
授業後も、いじめ・万引きが起こる

　道徳の教科書に、「いじめ」「万引き」など、友達関係や放課後のトラブルに関するお話が載っています。道徳の授業で、「何が良くなかったのか」「どうすれば良かったのか」「自分だったらどうするか」など、原因や解決策を自分事として考えさせます。授業の発言や感想もしっかりした内容でした。しかし、授業後にも、子ども同士のトラブルは、変わらず起きました。

　「道徳の授業は、1時間で子どもの変容、成長を求めるものじゃない」と、道徳を専門に研究している先生に教わりました。でも、あまりにも**授業と授業後の子どもたちの言動の落差が大きい**ことにショックでした。

改善法
お話の続きを考えさせる

　道徳の教科書は、きれい（ハッピーエンド）に終わる内容が多いです。

　例えば、次の展開です。

（1）「いじめ」に関する内容では、登場人物の子どもたちが自分の過ちに気づいて、互いに謝る。その後、仲良くなって終わる。

（2）「万引き」に関する内容では、登場人物Aが万引きをしている。気づいたBも万引きに誘われるが、きっぱり断る。それを機会に、Aも万引きを止めて、お店の人に謝りに行って、終わる。

> **現実は、こんなにきれいに解決しません。**
> **また、「子ども」の中だけで、話は収まりません。「担任」の指導は、もちろんあります。「保護者」にも連絡が入ります。場合によっては、「校長先生」「警察」も介入します。**

　大きな事件になったら、加害児童は転校（家族で引っ越し）することもあります。
　こういった **現実を教える** ことも大切な教育の一つです。そこで、教科書のお話の内容を授業した後で、次の①〜④を **発展学習** として行います。やんちゃな子どもほど、意欲的に授業を受けます。

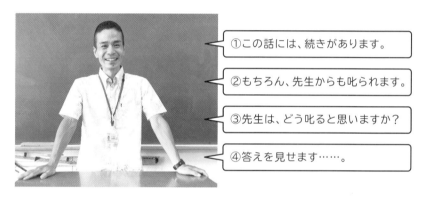

　①この話には、続きがあります。

　②もちろん、先生からも叱られます。

　③先生は、どう叱ると思いますか？

　④答えを見せます……。

　①の「この話には、続きがあります」を、授業が終わる５分前に言います。「現実は、こんなに甘くないよね？」と聞くと、子どもたちは「うん！」と頷きます。「お母さんに怒られる！」「先生に怒られる！」など、未来予想を発表してくれます。
　そこで、②の「もちろん、先生からも叱られます」と言います。
　③の「先生は、どう叱ると思いますか？」と聞いた後に、隣同士で、先生役と子ども役に分かれて演技をさせます。さらに、「おうちの人は、どう叱る？」と聞くのもありです。身に覚えのあるやんちゃな子どもほど、迫真の演技をしてくれます。
　そして、④で、教師がリアルに実演します。叱られ役の子どもを募集すると、たくさんの立候補があります。そのときに、"叱られ方"も指導します。相手の目を見て、時々、頷いて話を聞きます。
　最後に「今の叱り方を最低１時間かな」「休み時間も全部つぶれるかな」と言うと、子どもたちはびっくり仰天します♪

『花さき山』を読んで、山に花を咲かせよう

道徳の美しい話（フィクション）を実現させる

しくじり

フィクションなのに「見たことがある！」

道徳の教科書（日本文教出版・小学４年生）に、『花さき山』という話があります。以下、この話の簡単な内容です。

山菜取りに出かけた "あや" は、見たこともない花が咲き乱れる山へ迷い込み、"やまんば" と出会う。そして、やまんばは、あやに「そこに咲いている赤い花は、それはお前が（日頃の優しい行いで）咲かせた花だ」と語る。

指導内容は、「感動・畏敬の念」です。

評価の視点は、「人の心の中にある素晴らしいものや美しいものについて、自分の言葉で考え、表現しているか」です。

教科書の題名の右下に、

「花さき山」を知っていますか。

という言葉が載っているので、書いてある通りに読みました。

すると、子どもたちの答えに驚きました。

「知ってる！」

「見たことある！」

と、真剣な表情で答えるのです……。私は、「子どもたちの心は、何て美しいんだ！ "あや" みたいだ。自分の心はきたないなぁ」と思いました。

さらに、子どもたちが知っている花さき山は、どんな山か詳しく聞いてみました。すると、田舎の家の近くに、たくさんの花が咲いている山があるということが分かりました。

改善法
本当に山に花を咲かせよう

『花さき山』は、教科書で5ページを超え、話を読んだ直後は、教師も子どもも疲れています。たくさんの問いかけをしている気力と時間は少ないです。そこで、おすすめなのが、

「花さき山」作り

です。作り方は、以下です。

① 茶色 の四つ切り色画用紙を、山の形 に切って、黒板に磁石で貼る。
②「みんなの優しい心、美しい心で、山に 花を咲かせよう 」と言う。
③ 1人1枚、付箋 を渡す。（できたら、かわいい形がいいです）
④ 友達のいいところ を書いて、山に貼ってもらう。
⑤ みんなで作った「花さき山」を見て、感想を発表する。

授業中の猫背を正す

楽しくゲーム感覚で、授業中の姿勢を良くする

しくじり

先生が、小学生の頃はなぁ〜！

　教師になってすぐの頃は、授業中の子どもの姿勢（背筋）がものすごく気になっていました。そして、

「授業を受ける姿勢が悪い！　印象も悪い！」

「昭和だったら、30cm定規を服と背中の間に入れられてたぞ！」

と言って、威圧的な指導をしていました。

　中堅教師になると、姿勢と健康を関連づけて指導するようにしました。

「猫背だと、肺や心臓が圧迫されて、体に良くないよ」

「猫背だと、首や肩がとても凝るよ」

「猫背が習慣になって、普段から猫背になってしまうかもしれないよ」

「真っすぐな背骨の上に、頭を置いてね。原始人みたいな猫背でなく、みんなは脳が進化した現代人だから」

と言って聞かせようとしました。でも、小難しい話が嫌いな子どもには、話が入りにくかったです。

改善法

楽しい指導は取り組みやすい

　教師歴が15年を超えたあたりで、楽しく姿勢の指導をするようにしました。大人は、より正論のほうが受け入れてもらいやすいです。でも、子どもは、**「正しいよりも楽しい」**ほうが受け入れてもらいやすいです。

特に、どの子どもも熱中した姿勢を良くする取り組みが、次です。

ゲーム「授業中は、落としちゃだめよ〜♪」

授業中に座って、教科書を読んだり、ノートに書いたり、教師の話を聞いたりするときに、**頭の上に置いた物を落とさない**ようにします。

写真は、頭の上にノートを置いて、教科書を音読する様子です。

①最初は、消しゴムなど小さな物から始めたほうが、簡単。
　例：消しゴム→定規→鉛筆→筆箱→ノートや教科書→下敷き
　　　→ノート2冊重ね……
②慣れてきたら、**対決ゲームをする（落とす回数が少ないほうが勝ち）**。例えば、5分間で何回、落としたかを競います。

「授業中、立って発表するときは、しなくていいからね」
と言うのですが、立って学習するときも、チャレンジする子どもがたくさんいました。
　卒業式などで、姿勢良く座る練習にも活用できます。

学年最後の授業参観の掲示に "習字で一文字"

漢字一文字で、子どもの輝きを引き立てる

しくじり

味気ない板書で授業参観にのぞむ

　3学期の保護者の授業参観は、「親への感謝」「1年間の成長」をテーマに、子ども一人ひとりが発表する内容が多いです。小学1・2年生の生活科や、4年生は総合的な学習の「二分の一成人式」（P.157*注6）と関連します。

　私は、劇団で演劇活動を10年間やっていました。舞台は、役者の演技力だけでなく、脚本や演出、照明や音響、舞台セットなどの総合芸術です。**空間づくり**が大切だと学んできました。

　それなのに、参観当日の黒板は、45分間の流れ（「①はじめの言葉　②子どもたちの発表　③歌「（題名）」　④終わりの言葉」）を書いただけでした。子どもの発表力に任せきりでした。教師として、子どもの発表を引き立てるための努力や工夫を怠っていました。

改善法

子どもたちが輝く黒板掲示

4年生を担任したときの3学期の参観は、「10年間の成長と感謝」がテーマでした。子ども一人ひとりが、黒板前に出てきて、テーマに関する発表をします。そこで、事前に習字の時間、テーマに関する漢字一文字を子どもたちに書いてもらいました。次は、その授業の流れです。

①「今までで、いちばん おうちの人に迷惑をかけたこと（怒られたこと）って何かな～？」と聞く。
　（暴露大会みたいになって楽しいです♪）
②「おうちの人に、ここは 直してほしいところ、気をつけてほしいところ ってある？」
　（これも、暴露大会みたいになって楽しいです♪）
③「おうちの人の いいところ って、何かな？　できるだけ詳しく」
　（例えば、「料理が上手」だけでなく「オムライスが上手」）
④「おうちの人に、手紙 を書いてみよう」と言って、書かせる。
⑤「おうちの人への気持ちを、漢字一文字 で表すなら？」と、④の作文を参考に考えさせる。
⑥八つ切りの白画用紙を正方形に切って、習字で書かせる。空いたところには、絵やメッセージを小筆でかかせる。墨が乾いたら、色鉛筆で塗る。
⑦色画用紙（黄・黄緑・ピンク・水色・オレンジ）の台紙に貼らせる。端にマスキングテープや飾りを作って貼らせる。

授業後、黒板を前に撮影会が始まるほど、大好評でした。

コラム

自分の趣味を子どもに押し付ける

楽しい授業を勘違い

　教師2年目のとき、持ち上がりで小学6年生を担任しました。6年生の社会科といったら〈歴史〉です（〈公民〉もありますが）。私は、高校生のときから大河ドラマを見ていました。また、当時、演劇活動を続けていて、時代劇を演じたこともあったので、歴史の授業をするのがとても楽しみでした。

　教科書に「武士」が出てきたあたりから、私は、楽しい授業を勘違いして、暴走してしまいました。**着物に着替えて、腰に刀を差して授業**をしました。（刀は、おもちゃです。奈良の観光で買ったものです）

　さらに、殺陣まで教えました。**刀の抜き方、刀の振り方、足さばき、鞘への収め方**だけでなく、**斬られ方、倒れ方**まで指導しました。歴史の授業というより、時代劇のアクションシーンの授業をしてしまいました……。知的な授業とかけ離れた、高校の武道の授業のようでした。

　アクションシーンの指導の他にも、やってしまったことがあります。教室のランドセルなどを入れる**ロッカーの上に、戦国武将のフィギュア**をずらっと並べてしまいました。当時、一体500円ほどで、コンビニで売っていました。出勤途中や帰宅途中でコンビニに寄って、新作が出るのを楽しみにしていました。（今、教師21年目ですが、こんなことをやっている6年生の教室を見たことがありません）

　自分の演劇経験や時代劇が好きという趣味を、子どもに押し付けてしまったのは、「自分が好きだから子どもも好きになってくれる」という勘違いが原因です。子どもや保護者から苦情はなかったです。楽しんでくれる子どももいました。でも、極めて自己中心的で、自分本位な授業ばかりでした。

3章

保護者対応の

しくじり

改善法

連絡帳や電話対応、懇談会での第一声

開口一番は「お世話になっております」

しくじり

保護者の「お世話になっております」に無反応

実は、保護者の「お世話になっております」という言葉に、

「こちらこそお世話になっております」

と、意識して返せるようになったのは、40歳を過ぎてからです。きっかけは、絵本や教育書などの出版です。出版社の編集担当の方とメールをする際、「あっ！ 文頭に必ず『（いつも）お世話になっております』がある!!」と気づきました。それから、保護者にも「お世話になっております」と意識的に使えるようになりました。それまでは、保護者からの「お世話になっております」という言葉への反応は曖昧でした。

改善法

最初と最後の決めゼリフ

保護者からの連絡帳や電話で、まず「（いつも）（大変）お世話になっております」という言葉があることが多いです。その言葉をスルーしないで、しっかりと「こちらこそお世話になっております」と返すようにしています。試合前の「よろしくお願いします」の挨拶のような、当たり前の感覚です。
　また、その後に続く言葉も決めておくと、コミュニケー

ションが円滑に進みます。私は、連絡帳や電話対応で、次の言葉を順に使うように決めています。

1文目：　「こちらこそお世話になっております」と挨拶の言葉を伝える。

2文目：　「ご連絡ありがとうございます」
　　　　　あるいは「ご丁寧にありがとうございます」「お心遣いありがとうございます」など、感謝の言葉を伝える。

3文目以降：保護者からの用件については、「承知しました」と伝える。
　　　　　「分かりました」「了解しました」は使わない。
　　　　　子どものケガやトラブルなどに関する内容の場合は、必要に応じて、「ご心配おかけして大変申し訳ございませんでした」と謝罪の言葉を伝える。

文末：　「今後ともどうぞよろしくお願いいたします」とお願いの言葉を伝える。

　連絡帳で上記の言葉を書くのは、手間と時間がとられます。でも、しっかりした保護者ほど、こういった言葉遣いに敏感です。言葉遣い一つで、担任としてだけではなく、社会人として値踏みされる可能性もあります。

　また、個人懇談会などで保護者と会うときには、**相手からではなく、こちらから先に、「（いつも）（大変）お世話になっております」**と言うようにするのも大切です。こちらが先に言えば挨拶（好印象）ですが、後になってしまったら返事になってしまいます。

　それと、**全くの初対面**で、これから人間関係を築いていく場合は、「お世話になっております」の言葉は違和感があるかもしれません。「お世話してないわ！」と心の中でツッコまれているかもしれません。その場合は、「お世話になっております」ではなく、「**お世話になります**」が適当です。

　このような細かな言葉遣いは、職場で直接、教えてもらうことはこれまでありませんでした。運よく職員室の先生が対応している場面に出くわすか、飲み会の場で教えてもらうか、何となく自分で要領をつかんだりしていくしかないかと思います。もしよろしければ、ご同僚で経験の浅い先生にお伝えください。

「プールセット」忘れが激減で、保護者の信頼ゲット

プールカードを連絡帳に貼らせる

しくじり

忘れても電話してはいけないルール

水着やタオルを忘れたら、基本、プールに入れません。

しかし、使った水着やタオルを家で保護者に洗濯してもらい、持たせてもらうのが難しい子どもがいました。その場合、学校で水着やタオルを洗って干していました。

子どもがプールカード（保護者からの水泳参加のサインがないと入れない）を忘れると、朝イチで保護者に電話して確認をしていました。自分が保護者になって不満に思ったのは、「なぜプールカードを忘れただけで、プールに入れないの!? その日、プールに入らせないなら、水着やタオルを持って行かせない。普段の体育の見学は、連絡帳に『見学します』って書くから、プールも同じでよいのに」でした……。

学校で水着を洗うのは珍しいかもしれませんが、プールカード忘れがあったら電話で確認するのはよくあることかと思います。でも、**学校全体の対応として、不公平感が出る**からという理由で、プールカードを忘れても家庭に連絡をしないというルールになりました。

すると、プールセット忘れ（特にプールカード忘れ）が増え、**入りたいのに入れない子ども**が増えてしまいました。入れない子どもは、一日とてもイライラし、授業態度が悪くなったり、ケンカが増えたりしてしまいました。

改善法

日付を書かせて、貼る

プールセット忘れを減らすために、プールカードを子どもたちに最初に配ったときに、次の工夫をしました。1学期末の個人懇談会で、毎年、何人もの保護者からお礼を言われるほど好評です。

① プールに入る予定日 を日付欄に全て書かせる。

② プールに入る曜日 をカードの空いているスペースに大きく書かせる。

③連絡帳や健康観察表、音読カードなどにプールカードを貼らせる。

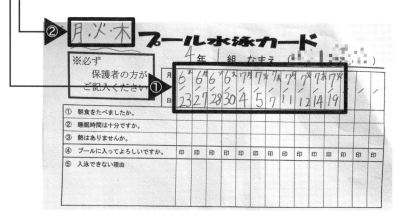

①事前に、プールに入る予定日を全て書かせることで、保護者は具体的に、いつプールに入るのか知ることができます。そして、何よりプールに入る日ごとに、日付を書く手間がなくなります。

②プールに入る曜日を大きく書かせておくことで、子どもも保護者に「(例えば)月・火・木はプールや!」と意識づけられます。

③プールカードを連絡帳などに貼らせることで、子どもが保護者にプールカードを見てもらうのを忘れたり、せっかくサインをもらったのに持って来るのを忘れたりするのを防げます。連絡帳を見て、健康観察表を見て、さらにプールカードを見て……となると、保護者目線では面倒くさいです。セットにしてもらったほうが助かります。

＊毎日の健康観察をスマホでしている学校は、「プールに入る・入らない」のチェック項目も追加できると、プールカード自体がなくて済みます。学校も家庭も負担が減ります。

家庭訪問で、子どもの名前が出てこない!?

普段、子どもを名字で呼んでいると……

保護者との会話は、下の名前をひた隠し

　4月中旬頃に、授業参観・学級懇談会があります。4月下旬～5月中旬頃には、家庭訪問があります。年度当初、保護者と話すとき、その子どもの下の名前が出てこないことはありませんか？　私はあります。

　20年以上前、私が教師になった頃は普段から、子どもを下の名前（例えば「健太君」「愛ちゃん」）で呼んでいました。だから、保護者と話すときにも子どもの下の名前が自然と出てきました。

　でも、最近は、**下の名前ではなく、上の名字で呼ばないといけない学校**が増えてきました。例えば、「松下 愛」という子どもだったら、教師は「松下さん」と呼びます。「愛さん」「愛ちゃん」「愛」と呼んではだめなのです。だから、下の名前が咄嗟に言えないときがあります。

　保護者と話していて、子どもの下の名前をド忘れしてしまったときは、できるだけ下の名前を呼ばずに会話を組み立てるのに必死です。

　保護者の前で、子どもの名前を名字で呼ぶのは不自然です。「お子さん」と言うと、冷たい印象を受けられるかもしれません。

改善法
インターホンを押す前に確認

普段、下の名前で呼んでいない、名字だけでしか呼んでいないから忘れてしまうかもしれません。

そこで私は、家庭訪問先で

家のインターホンを押す直前に、必ず名簿を見て、子どもの下の名前を確認する

ようにしています。

保護者に、「お子さん、休み時間も友達と鬼ごっこをして……」と言うより、「愛さん、休み時間も……」と言うほうが、あたたかさが伝わります。子どもの下の名前を呼ぶことで、子どもを大切にしていることがより伝わるかと思います。また、

学校で子どもを呼ぶとき、できるだけ下の名前で呼ぶ

ようにしています。

下の名前だけで呼んではいけない学校の場合、「名字＋名前」のフルネームで呼んだらいいんだ！　と気づきました。「松下さん」でなく、「松下愛さん」と呼びます。いつもではないのですが、特に１学期のうちに、名前をしっかりと覚えたいので、フルネームで呼ぶことが多いです。

名字だけでなく、フルネームで子どもを呼ぶことの良さは、名前を覚える他にもありました。

「松下さん……松下さん……松下さん!!!」と、名字を何回呼んでも気づかない子どもがいます（特に低学年に多いです）。

そんな子どもも、「松下愛さん」と、

下の名前もつけて呼ぶと、１回で気づきます。

普段、親や友達から下の名前で呼ばれているからだと思います。また、園児だったとき、先生から下の名前で呼ばれていたからだと思います。

名字だけでなく、下の名前で呼ぶことは、「子どもと担任の関係づくり（愛着形成）」にも効果があると実感しています。

松下先生は、子どもの椅子に座らせるんだ……

保護者には、教師用の椅子に座ってもらうべし！

学期末に、保護者との個人懇談会があります。

先生のみなさんは、座席の配置をどのような形にしていますか？　どんな机を使っていますか？

経験年数が浅かった頃の私は、四つの机を向かい合わせにしていました。

荷物置き

教師の座席

保護者用の座席

私も保護者も、子ども用の椅子に座っていました。

個人懇談会の合間、職員室に戻る際に、超ベテランの女性の先生の教室の様子を見て驚きました。**保護者は、教師用の椅子に座っていたのです。**

この先生のクラスの子どもと、私のクラスの子どもは兄弟関係があります。きっと保護者は、「〇〇先生は、クッションのある座り心地のいい椅子に座らせてくれたのに、松下先生は子ども用の椅子に座らせるんだ……」と思ったはずです。相手意識が足りていませんでした。

改善法

教師用の机と椅子を用意

　超ベテランの女性の先生の個人懇談会の座席の配慮を元に、私も工夫を重ねるようになりました。

①机の配置は、四角に並べるのではなく、円形に並べる。
　（保護者と対面しない。柔らかい雰囲気づくり）
②保護者の椅子の大きさは、教師の椅子よりワンサイズ大きくする。
　（保護者は気持ちいいし、教師自身も保護者に対して偉そうな態度にならない）
③保護者の荷物置きの机も用意しておく。
④教師の机の上に、パソコンを開いて置く。
　（知的な雰囲気づくり）
⑤保護者の席から、子どもたちの習字や絵の作品が見えるようにする。

懇談会で、保護者の質問に答えられない

しくじり

「大丈夫ですよ」と曖昧な答えで応対

　学期末の個人懇談会では、一人ひとりの子どもの保護者と、個別に10分程度、話します。

　内容は、学習に関することや、友達関係に関することなどです。

　また、保護者からは心配事や相談事などの話もあります。

　保護者から、次の質問がよくあります。

> 「休み時間、1人でいないですか？」
> 「休み時間、何をしていますか？」

　若手の頃は、これらの質問に的確に答えることができませんでした。

「大丈夫ですよ」
「女の子の友達とよく一緒にいます」

など、曖昧な答えをしていました。

　幼稚園や保育園に通っていたときは、毎日の送り迎えで先生と直に会って、子どもの1日の様子を聞くことができていました。また、連絡帳には、先生から園での様子が書かれていました。

　それが、小学生になった途端、なくなってしまうので、保護者は「友達と仲良く、楽しく過ごしているのかな？」と不安に思います。学習面は、テストの点数やノート、毎日の宿題の様子で何となく分かります。だから、期末個人懇談会は、保護者にとって先生から直接、子どもの様子を聞ける貴重な機会なのです。

　それなのに、私はちゃんと答えられませんでした。きっと保護者は、「担任の先生、うちの子をちゃんと見てくれていないな」と不信感をもったと思います。

　保育園や幼稚園と違って、小学校は30人以上の子どもを教師1人が担当します。担任目線だと「1人で、30人以上をきめ細やかに見るのは、限界がある……」と思われるかもしれません。でも、保護者にとっては違います。「私の大切な子ども」なのです。

　だから、保護者に子どもの休み時間の様子をしっかりと伝えられるように、次の「友達アンケート」を実施します。子ども一人ひとりの友達関係を把握して、期末個人懇談会に臨んでいます。

---

　①休み時間、**クラスの誰と** 過ごしたことがありますか？
　　できるだけたくさん書きましょう。

　②休み時間、友達と **何をして** 過ごしていましたか？
　　できるだけたくさん書きましょう。

　③友達とのことで、何か **困ったこと** はありませんか？
　　どんな小さなことでもいいので、あれば書いてください。

---

　①は、「クラスの誰と」と聞きます。隣のクラスの友達だけしか書かれていないと、保護者が不安になるからです。

　①で、クラスの友達と遊んだことがあるのに、忘れてしまって書けない子どもがいます。

　そのときは、
「○○さんと休み時間、一緒にいたことがある人？」
と、周りの子どもに聞いて、手を挙げてもらいます。

＊「みんな遊び」や「班でのグループ遊び」に取り組んでみるのもおすすめです。ずっと1人ぼっちで過ごさないように、隣のクラスの友達としか遊ばないことがないようになります。

お父さんを、中1のお兄ちゃんと間違える

家庭訪問で前代未聞の失敗

　中学1年生のお兄ちゃんがいる小学4年生の子どもを担任したことがあります。そのお兄ちゃんも、前の年に6年生で担任していました。（兄弟ともに担任することはよくありますね）

　家庭訪問のときのことです。上記の家の玄関先で、お母さんと話しているときに、奥の部屋に坊主頭で白いタンクトップを着ている男性の後ろ姿が見えました。

　早とちりの私は、つい6年生で担任したお兄ちゃんだと思って、玄関先から、

「お～！　大きくなったな～!!」

と大きな声で言って、手を振ってしまいました。

　男性は、私の大きな声に反応して振り向きました。

　すると、中学生になったお兄ちゃんではなく、お父さんでした。さらに、

「お父様でしたか！　申し訳ありません!!　とてもお若く見えてしまいました……」

と、無理な言い訳をしてしまいました。（お父さんもお母さんも「何、言ってるのかな？　そんなわけないだろう」と思ったはずです）

　この失敗から学んだことは、「確認」の大切さです。

　例えば、先ほどの家族をほめたければ、いきなり「大きくなったな～！」と大きな声で言わずに、お母さんに小声で、

「奥の部屋におられるのは、お兄ちゃんですか？」

と確認して聞けば、大きな失敗にはなりませんでした。

4章
同僚対応
の
しくじり
改善法

職員室

相手意識を欠いた電話の取り方

しくじり

電話を取る→応答→置く ⇒全て無礼

教師になって、「電話の受け答えの仕方」の研修を受けたことがありますか？ 私はありません。だから、職員室で同僚の先生方の電話対応を見ながら、「あ～そうするのか」と何となく真似してきました。

若手の頃の私は、電話対応で、社会人として恥ずかしい失敗をしてきました。

①電話を取ったら、「はい、〇〇小学校です」と言うだけで、自分の名前を名乗らない。

②他の学年・クラスの保護者から「〇〇先生は、いますか？」と聞かれたとき、「〇〇ですね」と言わずに「〇〇先生ですね」と言う。

③電話を他の先生と替わるとき、自分の 汗べっとり・唾べっとりのまま の受話器を他の先生に手渡す。

保険会社の電話オペレーターの仕事をしていた妻に、上の①～③を伝えると「あり得ない！」「恥ずかしい！」と言われました。

改善法

職員室も学びの宝庫

今は、本やネットだけでなく、動画サイトなどでも、電話対応についての作法やマニュアルを見て学ぶことができます。

　しかし、**いちばん勉強になるのは同僚の先生方の電話対応を近くで見ること**です。それなのに、若手だった私は、放課後、下校時刻になるまで教室で子どもたちと話したり、運動場で遊んだりしていました。子どもたちが下校した後も、教室で遅くまで仕事をして、職員室で仕事をするのは、17時過ぎでした。仕事が早い先生や、ママさん先生が退勤した後でした。だから、同僚の先生方の電話対応を見る機会がほとんどありませんでした。自分で貴重な機会を逃していたのです。

　そこで、今は、

放課後や空き時間は、できるだけ職員室で仕事をする

ようにしています。

　職員室の自分の机が、もし**教務主任や管理職の近くになったら本当にラッキー**です。電話対応の経験が豊富でとても上手だからです。自分の至らなさに気づき、手本になる電話対応を学び続けられるからです。

　私は、女性の教務主任が座る隣の席に、3年連続でなったことがあります。このことは、極上の学びの毎日でした。

　次は、教務主任の先生の電話対応から学んだことです。

①電話の受話器を他の先生と替わるとき、さっと受話器を拭く。
　（「うわぁ～スマート！」「優しい！」と感動しました）
②家庭から、子どもの体調不良による欠席連絡があったとき、
　「大丈夫ですか？」
　「どうぞお大事にしてください」
　「元気に登校してくれるのをお待ちしています」
　などの言い方が機械的でなく、すごくあたたかい。
③同僚の先生が出張先から電話があったとき、
　「お疲れ様です！」
　「何も（トラブルなど）なかったですよ。安心してください」
　などの言い方が、とてもあたたかい。
④保護者からの苦情の電話がかかってきた後、話を聞いて励ましてくれる。

　職員室は、保護者対応や同僚対応の学びの宝庫です。

同僚からのお菓子はすぐに食べない

このお菓子、どなたからですか？

朝、出勤したときや、休み時間や放課後、職員室の自分の机にお菓子を置いていただいていることがあります。

職員室の机上に置いていただいた旅行のお土産。

お菓子を見つけたら、どうしていますか？
私は、40歳を超えるまですぐに食べていました。
近くに先生がいたら、一応、
「このお菓子、どなたからのですか？」
とは聞いていました。

改善法
お礼を伝えてから、食べる

私が41歳のとき、ある女性の先生と職員室で隣の席になりました。
その方の "机の上のお菓子対応" が素敵すぎました。

のです。

　近くの先生に聞いても分からなければ、席が遠くの先生にも聞きに行くのです。（しかも、すれ違ったときなど、自然にです）お礼もせずにむしゃむしゃ食べ続けていた自分が恥ずかしくなりました。

　お菓子を置いてくださった方の私への印象を想像すると落ち込みます。きっと「（私の隣の席の）Ａ先生って、お礼を言ってくれて素敵だな〜、それに比べて、松下先生は、しつけられていない犬みたいに、ただ食べるだけなんだな」と、思われていたのではないかと……。

　その先生の素敵な行動は、まだまだあります。
　誰が置いてくれたお菓子かを聞いても分からないとき、

「どなたからのか分かりませんが、いただきま〜す♪」

と言ってから食べるのです。そして、食べ終わったら、

「あ〜、おいしかった〜♪」

と、お礼を込めた感想もつぶやくのです。隣で聞いているだけで、気持ちが癒されます。

　小袋にラッピングされたちょっと豪華なお菓子の場合は、お礼を言って食べた翌日も、

「昨日、いただいたお菓子ありがとうございます」

と、もう一度お礼を伝えるのです。そして、お返しに小さなお菓子を渡されるのです。"言葉＋お菓子"で、感謝の気持ちをしっかりと伝えます。こういった具体的な言動で、人の印象って変わるのだと気づきました。

自分の提案の通し方

事前の「根回し」を幾重にも

部会でいきなり意見する

　転勤して1年目、運動会について、次の提案を部会でしました。

①運動会の練習は、1日1時間までにする。
　（学力保障のため）

②全体練習は、全部で1時間以内にする。（授業時間の確保）

③応援合戦をしない。
　（応援団の練習が、教師の休憩時間にあるため）

　上の提案内容を、どう思いますか？　子ども・保護者・教師にとって、決して悪いことではないはずです。

　そして、私の①〜③の提案は、どうなったと思いますか？ **私の提案は一つも通りませんでした。**そのときは、とても残念でした。「間違っていないのに！」「子どもも教師もしんどいだけなのに！」「なぜ、変えようとしないのか！」と、怒りが芽生えました。

> **自分の提案が通らないのを、周りの責任にしていた**

のが間違いでした。自分に何が足りなかったのかを考えられず、子どもでした。

改善法
部会までに提案しておく

「自分の提案の通し方」が上手な先生が、職場にいました。その先生を観察して、自分に足らない点が分かりました。

---

①学校での信頼度や教師経験

②事前の根回し

　特に②の事前の根回しが足りていませんでした。事前に根回しをすることで、部会で初耳の先生方をできるだけ減らします。できれば、賛成派についてもらっておきます。

【部会までの幾重もの根回し】
（１）職員室で、近くの席の先生に相談する。
（２）管理職・教務主任に相談する。
（３）提案する内容に関する校務分掌の主任の先生に相談する。
（４）職場の飲み会があれば、酔ったふりをして話題にする。
（５）次の部会で提案してよいか、事前に管理職・教務主任・担当の校務
　　　分掌の先生に許可をもらう。

　どの学校の職員室にも、力（発言力）のある先生がいるかと思います。その先生にも、事前に相談しておくのをおすすめします。（いちばん大切かもしれません。私はこれを怠っていました）

＊職員会議を通った案件は、基本、変えないほうがよいです。
　理由は、職員会議までの企画会議や部会の意味がなくなるからです。
「せっかく、事前に検討して職員会議を通ったのに、何だったんだ!?」
となります。
　もちろん、間違いに気づいて訂正するのはよいです。

もし、どうしても職員会議を通った案件を変更したい場合は、再度、部会を開いて検討する

ことが大切です。職員会議後に管理職と数人の教師だけで話し合って、変更するのは避けたほうがよいです。事前の部会の意味がなくなってしまうからです。若手の頃は、こういった大人のマナーを知らずに、強引に自分の考えを通そうとしてしまいました。

大人にも子どもにも使える「陰口」対策

職員室などでの同僚同士の陰口に対処するには

しくじり

同僚への陰口は気持ちがしんどくなる

　先生のみなさんの職場では、同僚への陰口は多いですか？　少ないですか？

　以前、同僚への陰口がとても多い職場に勤めたことがあり、自分自身の気持ちがしんどくなってしまった経験があります。

「自分も、自分がいないときに陰口を言われているんだろうな……」

「子どもには、陰口を言ったらダメ！　と指導しているのに……」

　陰口を職場からなくしたくて、道徳で陰口をテーマにした研究授業をしたことがあります。陰口をなぜしてしまうのかの心理や、陰口の悪影響なども詳細に書いた指導案も書きました。授業は上手くいき、子どもの陰口はものすごく減りました。でも、大人は、全く変わりませんでした。そして、

> 「子どもは変わるけど、大人は変わらない。
> 自分が変わらないと……」

と、気づきました。

改善法

陰口には反応しないこと

　陰口をテーマにした道徳の授業の展開です。

（1）まず、「いじめ」には、どんないじめがあるかを考えさせました。

144

（2） 次に、陰口と、直接相手に向かって言う悪口、どちらが嫌か？ そして、その理由を意見交換してもらいました。

（圧倒的に、「陰口が嫌」と言う子どもが多いです）

（3） 大人は、陰口を言う・言わないかを、挙手で聞きました。

（4） 大人が、陰口を言ってしまう理由を予想させました。

（「気持ちいいから」「変な仲間意識を築くため」など出ます）

（5） もし、友達が陰口を近くで言っていたら、どうするか考えさせました。

（「注意する」が多いです）

（6） 私が大人の陰口に対してやっていることを紹介し、実際に練習してもらいました。

（班で楽しそうに練習していました）

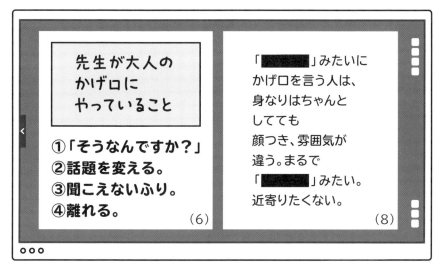

先生が大人の
かげ口に
やっていること

①「そうなんですか？」
②話題を変える。
③聞こえないふり。
④離れる。
　　　　　　　　（6）

「■■■■■」みたいに
かげ口を言う人は、
身なりはちゃんと
してても
顔つき、雰囲気が
違う。まるで
「■■■■■」みたい。
近寄りたくない。
　　　　　　　　（8）

（7） グループLINEで、陰口が書き込まれたらどうするか、上の（6）を元に考えさせました。

（8） 陰口の名言を見つけたので、紹介しました。

（「マムシ」を穴埋めにして考えさせました）

（9） マムシの写真を提示して、「マムシみたいになりたい人？」と挙手で確認しました。

（全員が「なりたくない」に挙手しました）

（10）「陰口はとても卑怯ないじめです。もし、気づいたら、おうちの人や先生に教えてね」とお願いしました。

相方のピンチは、そばにいる

同じ学年を組む先生の、いちばんの支えになる

しくじり

トラブル対応中の相方に、気遣いなしで退勤

教師のピンチは、放課後にもあります。

> ①保護者から クレーム の電話がかかってきたとき。
> ②保護者がクレームを言いに来校してきたとき。
> ③ 研究授業 の指導案検討会で、指導案に不備が
> 　あったとき。
> ④管理職に「ちょっといい？」と言われ、校長室に
> 　呼ばれたとき。
> ⑤担任する子どもに、トラブルがあったとき。
> 　（近所迷惑な遊び、万引き、帰宅しない、など）

　①〜⑤の中で、いちばん嫌なのはどれですか？
同じ学年を組む相方の先生が、ピンチにあったらどうしますか？
　私は、相方の先生が②（保護者がクレームを言いに来校）のとき、教室で話をしているのに退勤しました。**理由は、息子の保育園のお迎えがあったからです。**相方の先生がピンチのときに、自分が退勤すること自体は、悪いことではないです。ただ、私は、何の気遣い・思いやりもできていませんでした。

改善法

相方を孤独にしないで、寄り添う

放課後、**保護者がクレームで来校し、相方の先生が対応しているとき、もし自分が学年主任であれば、**

> **「学年主任の〇〇です。学年のことで、ご心配をおかけして大変申し訳ありませんでした。主任として、一緒にお話を伺ってもよろしいでしょうか？」**

などと言って、同席したら、相方の先生は心強いかと思います。（その先生の性格や状況によります。無理に入るのもよくないです）
　また、相方の先生のピンチ中に退勤するときは、

> **「大変なときに、最後まで残って力になれず、本当に申し訳ありません。明日、ぜひ聞かせてください」**

などと書いた付箋を職員室の机に貼ったり、LINE にメッセージを送ったりするとよかったと思います。

　管理職から相方の先生が校長室に呼ばれたら、校長室から相方の先生が出てくるまで、職員室でできる限り待ちます。
　自分の教室に行ったり、帰宅したりするのは、見捨てることになると思うからです。
　そして、相方の先生が校長室から出て来たら、

> **「大丈夫でした？」**

と、真っ先に声をかけます。この一言が、相方の先生にとって救いになるかと思います。話を聞くだけでも、ずいぶんと精神的なダメージが和らぎます。（もし、パワハラ的な内容だったら、すぐに聞くことでパワハラの歯止めにもなります）
　たとえ保護者や子ども、管理職の言い分が正しくても、学年主任だけは最後まで、相方の先生を見捨てたり非難したりしないようにしたいです。職場でいちばん、頼りになるのは同じ学年を組む相方の先生だと、私は思っているからです。

飲み会のアウトな作法

コロナ禍明けで、忘れがちな飲み会の作法

しくじり

話したいことを優先して楽しい雰囲気をぶち壊す

飲み会でもたくさんの失敗をしてきました。特に教師になったばかりの頃は、無礼極まりなかったです。

> ①平気で「〇〇先生」と言って、周りのお客さんや従業員に、自分の職業が分かってしまう話し方をしてしまう。
>
> ②学校の子どものことを、近くに一般のお客さんがいるのに話す（愚痴や相談事なので、結構、詳しく）。
>
> ③相手が望んでいないのに、授業や学級経営のことを熱く語る。

個人経営の居酒屋で、店主の方と顔見知りだったら、ざっくばらんな学校の話をしても……と思うかもしれません。しかし、個人情報の漏洩・秘密保持には重々、気をつけたほうがよいです。特に今は、誰が・どこから話を聞いて、どんな形で拡散されるか分からないからです。

また、飲み会の話題も相手意識が必要です。若手の頃は、自分が話したい話題を優先していました。例えば、運動会の打ち上げなのに、学級経営や授業について熱く議論したがりました。

改善法

謎ルールかもしれないけれど

飲み会の作法で、「そんなのどうでもいいのに」と思うようなことがあります。例えば、次です。

---

①相手のグラスに、ビールを注ぐ。しかも、グラスにまだビールが残っている状態で注ぐのはよくないから、飲み干すことを要求する。

②ビール瓶を持ってグラスに注ぐときは、瓶に貼ってあるラベルが下にならないように持つ。

③乾杯で、グラスを先輩や管理職と合わせるときは、相手のグラスよりも自分のグラスを下にする。

今でも「こんなルール、どうでもいい！」「やってる人が気持ちいいだけ？」「飲みたいときに、自分で注いだらいいのに」と思っています。
　でも、自分の思いを相手に押し付けるのでなく、

郷に入っては郷に従え（その場に合わせる）

を大切にしています。その上で、自分も楽しむようにしています。相手も自分も楽しいのが、理想の飲み会です。
　ビールに関しての謎ルールよりも、次の心遣いのほうが大切だと思います。

---

①会費の徴収が現地の場合は、できるだけお釣りがないように千円札と百円玉を用意しておく。（幹事の方に、とても感謝されます）

②開始時刻に遅れない。（「教師ほど時間を守れない職業はない」と、若手の頃、指導教官に教わりました。管理職より遅れないことは社会人として常識です）

③幹事や若手の場合、店員の呼び出しボタンの近くに座る。あるいは、店員がよく通る、通路近くに座る。（空になったグラスや皿を店員に渡したり、注文した料理を店員から受け取ったりできます）

④幹事の先生に、「ありがとうございます」「お世話になります」など感謝の気持ちを伝える。（次の日にもう一度、「昨日はありがとうございました」と言うと、さらによいです）

⑤飲み会で、1人ぼっちになっている先生がいたら、話しかける。

親睦会幹事のお役目「座席決め」

手軽な座席決めにたどり着くまで試行錯誤

しくじり

見栄えのする折り紙は、時間がかかる

親睦会の幹事のお仕事（？）で気を遣うのが、年度始めの歓送迎会と、忘年会です。学校によっては、忘年会がなくて新年会をしたり、忘年会と新年会をどちらもしたりするかもしれません。

下の写真は、忘年会会場のどの座席に座ってもらうかを決めるくじです。まず、受付でくじを引きます。くじはチョコレートで、裏側に座席番号が書かれたシールが貼ってあります。

次に、各テーブルの上にある折り紙の番号と、自分が引いたくじの番号とを照らし合わせて座席を見つけます。

くじのチョコレートは食べられるし、雪だるまの折り紙もかわいいので、とても嬉しいです。「自分が幹事になったら、真似しよう！」と思いました。でも、実際に真似してみるとものすごく大変でした。チョコレートやシールを買いに行く時間、シールを貼る時間、折り紙を折る時間など、と

ても時間がかかりました。折り紙は、家に持ち帰って妻にも手伝ってもらいました。クラスの子どもたちに折ってもらったら楽かも……と何度も魔が差しましたが、負けませんでした。私が親睦会の幹事を担当した次の年、折り紙でなく、シンプルな紙になっていました。すごく羨ましかったです。「自分もこうすればよかった！」と思いました。

テーブルを決めるだけにする

座席決めのための「くじ」の用意は、できるだけシンプルなほうがよいと思います。参加する同僚に少しでも喜んでもらいたいのは私も同じです。しかし、凝った物を用意する余裕は、ないかと思います。

私が教師21年目の年の歓送迎会で、とてもありがたい座席くじを用意された幹事の先生がいました。それは、

> **くじで決めるのはテーブルだけで、どの座席でもよい**

というくじです。

指定されたテーブル内だったら、どこに座ってもよいのだと気づいたとき、ものすごく安心しました。これまでの歓送迎会では、「どなたが隣になるんだろう」「ものすごく怖い先生だったら、どうしよう」と不安でいっぱいでした。

人間だから相性があるのは当然です。子どもだけでなく、大人も合う合わないがあります。苦手な先生がいるだけでなく、私のことを苦手に思う先生もいるはずです。

細かな座席まで決めずに、テーブル内だったらどこでも座れるくじは、人間関係で不安になっている先生にも安心感をもってもらえるかと思います。

＊もっとよいのは、くじをなくすことです。教師になって21年間、歓送迎会では必ずくじで、どこに座るか決められていました。でも、くじって本当に必要なのでしょうか？ 大人だから、教師だから、いろいろな配慮をしながら、自分の席を決められるはずです。

次年度のことを考えて、子どもたちと別れる①

子どもの気持ちを引っ張り過ぎない

しくじり

新担任のことを気にせず 自分がよければいい

　若手の頃は、自分のクラスのことしか考えていませんでした。自分が担任する1年間が楽しかったらよいと考えていました。

　だから、3月頃になると子どもたちが、
「ずっとこのクラスのままがいい！」
「来年も松下先生が、担任がいい！」
と言ってくれることが正直、とても嬉しかったです。

　次年度4月の担任発表で、私が持ち上がりで担任しないで別の学年の担任になることが分かると、
「え〜！」
「松下先生がよかった〜！」
と、前年度に担任していた子どもたちから悲鳴が上がるのも嬉しかったです。

　今、考えると、新しく担任をする先生はとてもやりにくかったはずです。そして、進級したばかりの子どもたちの気持ちを後ろ向きにさせていたかもしれません。子どもたちや先生方よりも、自分の幸せを優先していました。

改善法

明るく楽しく1年間を終える

　若手の頃は、修了式や卒業式の日、子どもたちに
「このクラス、このメンバーで過ごすのは、もう二度とないんだよ（毎年、クラス替えがあるから）」
「先生、みんなと過ごしたこの1年間を忘れないよ」

「みんなも、このクラス、この１年間を忘れないでね」
という内容を、熱く感情的に語っていました。涙を流して聞いてくれる子どもも
とても多かったです。
　でも今は、じめじめしないで、明るく楽しい別れ方をしています。

> **「先生は、みんなと過ごしたこの１年間を忘れないよ
> ……うそピョ〜ン♪」**

などと言って、子どもたちに「先生〜！」とかツッコまれながら、楽しく子ども
たちと別れています。
　若手の頃は、下のような修了式や卒業式までのカウントダウンカレンダーを
子どもたちに作らせていました。今のクラスとの別れを意識させるためです。

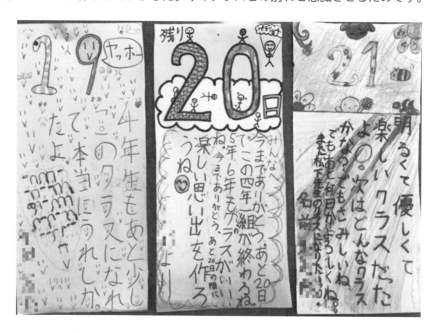

　カウントダウンカレンダーの効果は大きく、残りの出席数が少なくなるほど、
しんみりとした雰囲気が漂います。今のクラスへの愛着が増します。
　でも今は、**カウントダウンカレンダーを作らせず、黒板の隅に残りの出席数を
小さく書いています。**成績処理など、私自身の仕事にもはっぱをかけるためで
す。淡泊な感じがするかもしれませんが、次年度の担任の先生との出会いを考え
ると、これぐらいでちょうどよいと思います。

次年度に向けて

自分のやり方を残して、修了式を終える

新しい担任の指導が入りやすくする

次年度のことを考えて、子どもたちと別れる②

目の前の子どもの実態に合わせて、担任として様々な工夫をします。

例えば、**宿題の出し方**です。

漢字練習や算数プリントの宿題を出しても、なかなか家でやって来られない子どもがたくさんいるクラスを担任したことがあります。そこで、次のような工夫をしました。

①登校後すぐの朝学の時間に、半分やってもよい。半分やっていると、帰宅後にランドセルから宿題を取り出す抵抗感がだいぶ減ります。

②帰宅後、習い事などで宿題をする時間がない場合、保護者の許可があれば、休み時間などを使って宿題を終わらせてもよい。

③宿題をやれずに次の日の休み時間に嫌々するなら、その日の宿題はその日の放課後にやって帰る。

④週末は、宿題をなしにする。

これらの工夫は子どもだけでなく、保護者にも好評でした。だから、そのまま1年間を終えました。

すると、次の年に担任された先生から、「甘やかしすぎ」「宿題は家でするもの」「私が嫌われる」と叱られました。自分のことしか考えていなかったと気づきました。

改善法

2月末から少しずつ、元に戻す

　次年度の担任の指導が入りやすいように、自分のやり方を計画的にリセットしています。以前は、修了式の日に、

「松下先生は松下先生。4月からは新しい担任の先生のやり方があるから、素直に聞いてね。『え〜！ 前はこうだった〜』とか言ったらだめだよ」

と、子どもたちに言っていました（半分保身ですが）。

　新年度を見据えた大切な言葉がけですが、言っただけではだめでした。子どもは習慣になったことから抜け出せないことを見落としていました。

　そこで、2月末から1か月ほどかけて、私の指導を抜いていくようにしました。そして、一般的な指導を少しずつ入れました。

「4月から一つ学年が上がるから、練習をするね」

と言って……。次は、私が2月末から行った一般的な指導の一部です。

①授業の始めと終わりの挨拶をする。「そんなことをしないでも、授業のメリハリはつけられる」と思ってやっていませんでした。

②体操服を忘れたら、体育の授業は見学にする。体操服を忘れても、授業に参加させていました。算数の教科書を忘れても、算数の授業を見学はしないし、絵の具を忘れても図工の授業を見学させないので。

③新出漢字の学習は、朝学や宿題にする。高学年は、新出漢字が多いので、授業でやらない学級が多いそうです。授業時間の確保のために。

④給食の残食に厳しい。私は無理強いをして食べさせないで、食べられる子どもに、おかわりを多めに盛って調整していました。

　結果、新年度になると、子どもも新担任も私も笑顔でした。子どもにとっても、「中1ギャップ」（P.157*注7）を埋めるような感じで好評でした。

私は、学校に友達がいません

歓送迎会でのびっくり仰天発言

教師になって1年目、4月の歓送迎会の挨拶で、私はなんと、

「私は、学校に友達がいません」

というようなことを言ってしまいました。自分でも仰天発言です……。

「友達づくりをしに学校に働きに来ているのか！」

というツッコミがあっても不思議でないのですが、それでも、同僚の先輩の先生方は、私をあたたかく見守ってくれました。普段の飲み会だけでなく、行事のお疲れ様会もたくさん企画してくれました。

① 参観日のお疲れ様会
② 学期末や、年度末のお疲れ様会
③ 運動会のお疲れ様会
④ 作品展、学習発表会のお疲れ様会
⑤ 卒業式のお疲れ様会
⑥ 研究授業のお疲れ様会
⑦ 修学旅行や林間学習のお疲れ様会

土日の1泊2日の親睦旅行もありました。修学旅行の下見も自費で宿泊しました。夜通しで、楽しく語り合いました。

こうした学校の勤務時間外での「飲み会」という場での交流を重ねるたびに、友達というか「同志」という関係性ができてきました。先輩の先生もしんどい仕事をされていたり、悩んでいることに気づくようになりました。そして、「学校の子どもたち、地域のために、一緒に頑張っていきたい」と思うようになりました。（飲み会の翌朝、出勤して顔を合わせたときの団結感は半端ないです）飲み会については、賛否両論あるかと思います。でも、本音で楽しく語り合える場は素敵だな〜と思います。

注釈・参考文献

*注1（P.35）──**機ちょうだい**
　ドッジボールでは、アウトになった人が、まだボールを当てられていない同じチームの人の「命」をもらって、ゲームを続けられるローカルルールがあります。「機」は「命」のことで、子どもたちは「いっきちょうだい」「きちょうだい」と言います。

*注2（P.62）──**HSC**
　HSC（Highly Sensitive Child）の略で、感受性が極めて強く敏感な特性を生まれつきもっている子どものこと。大人の場合は、HSP（Highly Sensitive Person）と呼ばれます。

*注3（P.65）──**学校の怪談**
　『学校の怪談（7）』常光徹　著、楢喜八　イラスト（講談社KK文庫）

*注4（P.85）──**正方形の面積×0.57**
　「ラグビーボール形の半分」の面積は、「おうぎ形 ◿ －三角形 ◿ 」です。
　「おうぎ形－三角形」の面積は、例えば、正方形の1辺の長さを1（cm）として計算すると、
　$(1×1×3.14÷4)－(1×1÷2)＝0.785－0.5＝0.285$
　0.285を2倍すると「ラグビーボール形」の面積は$0.57cm^2$となり、正方形の0.57倍になります。
　元の図形として正方形があるので、その1辺が単位長さである1cmのときに計算して出てくる0.57さえ知っておけば、あとは正方形の1辺の長さが何cmであっても、この0.57をかけてやればよいわけです。

*注5（P.88）──**B4サイズのプリント**
　『中級算数習熟プリント　小学6年生　大判サイズ』岡本美穂　著（清風堂書店）

*注6（P.122）──**二分の一成人式**
　10歳の門出を祝う「二分の一成人式」は、総合的な学習の時間で単元として扱われたり、4年生の学年行事として行われたりします。

*注7（P.155）──**中1ギャップ**
　中学校に入学したばかりの生徒が、新しい環境や学習内容の変化に馴染めず、不登校やいじめなどの問題が起きやすいという現象。

あとがき

　本書を読んでいただき、ありがとうございました。

　実は、まだまだ紹介しきれていない失敗エピソードがあります。

　いちばんあり得ない失敗は、**「家を間違ってほめてしまった」**ことです。

　３階建てのアパートに住んでいる家庭を訪問したとき、私は保護者に、

「すごく大きな家ですね～！　うらやましいです!!」

と、言ってしまいました。その家庭は "アパートの一室" に住んでいるのに、私は "３階建ての一軒家" と勘違いしてしまいました。

　家庭訪問が始まる前に、同僚の先輩から、

「家庭訪問は『ほめる』ことが大切だよ。子どもをほめたり、親をほめたり、家をほめたり。家のことだったら、『とてもきれいにされてびっくりです。見習います』とか。何か一つ、どこかはほめたいよね。相手も嬉しいし、会話もはずむし、雰囲気もよくなるからね」

と教わっていて、「ほめないと！」という気持ちで焦ってしまいました。

　家のインターホンを鳴らす前に、部屋番号がある家だと確認すれば、一軒家と間違うことはありませんでした。間違ってほめるぐらいなら、ほめないほうがよかったです。

　いちばん恥ずかしい失敗は、「元同僚を子どもと間違えてしまった」ことです。休日、外出していると、卒業生に、

「先生～！　お久しぶりです」

と声をかけられることがあります。高校生以上になると身長もぐんと伸び、顔つきや髪型も大きく変わっていることがあります。名前が出てこないことがあります。そんなとき、つい適当に、

「お～！　大きくなったな～！」

と言ってしまいます。それを、元同僚にも言ってしまったのです。新卒の若い先生と１年間、一緒に働きました。２～３年後、その先生に、

「先生、お久しぶりです！」

と、休日、外出しているとき声をかけられました。つい卒業生だと思い、

「お〜！ 大きくなったな〜！」

と言ってしまったのです……。相手は苦笑い、私もごまかし笑いでした。

　経験を重ねると、失敗に慣れるようになりました。若手の頃は、一つの失敗を長く引きずっていました。でも今は、「次は、同じ失敗を繰り返さないようにしよう」と切り替えが早くなりました。前向きでいいことかもしれません。教師人生は長いからです。

　しかし、子どもや保護者にとっては、大切な１年間です。私は、前向きな教師ではなく、単に**鈍感な教師**になっているだけかもしれないと思いました。

　そこで、教師歴が１０年を超えた頃から、毎年、夏休みや冬休みの土日に、**これまで勤務した学校の校区を訪れる**ようになりました。かつて働いた校区を歩きながら、これまで出会った子どもたちや保護者、同僚のことを思い出します。**「今の自分よりも、未熟な教師だったかもしれないけれど、情熱はあった。今の自分の情熱はどうだ!?」**と自問自答しながら歩きます。そして、「身につけた経験や技術だけに頼らず、情熱をもち続けよう！」と惰性的になりがちな自分に喝を入れています。

　今回、この本を出版させていただいたフォーラム・Ａ（清風堂書店）さんは、自宅も今の勤務校も近所です。（書店のほうの）清風堂書店さんには、若手の頃から毎週のように、教育書をたくさん買いに行っていました。教師として未熟な私を支えてきた出版社から本を出版できて、とても感慨深いです。

　では……もう一度、この本を読んでくださった先生に……

「本当にありがとうございました」。

２０２４年１月８日（成人の日）　松下隼司

松下隼司（まつした じゅんじ）

大阪府公立小学校教諭。1978年生まれ。奈良教育大学卒業後、2003年度より現職。第4回全日本ダンス教育指導者指導技術コンクールで文部科学大臣賞、第69回（2020年度）読売教育賞で優秀賞、日本最古の神社である大神神社の第17回短歌祭で額田王賞、令和4年度文部科学大臣優秀教職員表彰など、様々なジャンルでの受賞歴がある。令和6年版啓林館教科書編集委員。著書に絵本『ぼく、わたしのトリセツ』（アメージング出版）、絵本『せんせいって』（みらいパブリッシング）、教育書『むずかしい学級の空気をかえる楽級経営』（東洋館出版社）がある。Voicyの『しくじり先生の「今日の失敗」』で音声配信中。

教師のしくじり大全　これまでの失敗とその改善策

2024年3月10日　初版　第1刷発行
2024年4月10日　　　　第2刷発行

著　者　松下隼司
発行者　面屋　洋
発行所　フォーラム・A
　　　　〒530-0056　大阪市北区兎我野町15-13
　　　　TEL　06-6365-5606
　　　　FAX　06-6365-5607
　　　　http://www.foruma.co.jp/

デザイン・イラスト　モノデザイン
印　刷　尼崎印刷株式会社
製　本　株式会社髙廣製本
制作編集担当　遠藤野枝

ISBN978-4-86708-112-9　C0037